웨스트엔드에서 브로드웨이까지

뮤지컬
산　책

웨스트엔드에서 브로드웨이까지

뮤지컬 산책

초판 1쇄 발행 2015년 4월 27일
초판 2쇄 발행 2016년 10월 21일

지은이   권혁인

펴낸이   김선기
펴낸곳   (주)푸른길
출판등록   1996년 4월 12일 제16-1292호
주소   (08377) 서울특별시 구로구 디지털로 33길 48 대륭포스트타워 7차 1008호
전화   02-523-2907, 6942-9570~2
팩스   02-523-2951
이메일   purungilbook@naver.com
홈페이지   www.purungil.co.kr

ISBN   978-89-6291-283-8 03680

웨스트엔드에서 브로드웨이까지

뮤지컬
산 책

권혁인

들어가는 말

영어가 이 땅에 들어와서 고생을 참 많이 하고 있다. 본디 뜻과 다르게 쓰거나 엉터리 일본식 영어를 쓰니 영어만 고생하는 게 아니라 영어를 공부하는 사람들도 생고생이다. 뜻만 통하면 되지 무슨 상관이냐고 하는 분도 있을 게다. 그러나 우리끼리 노는 우물과 우물 밖 넓은 누리는 다르다. 우리끼리 만든 잣대를 들이대 다툴 일이 아니다. 이 세상 어느 곳을 가더라도 들어맞는 잣대, 써먹을 수 있는 영어가 필요하다.

'클래식(classic)'이란 말이 있다. 이 땅에서 영어가 고생하는 본보기 가운데 하나이다. 다들 서유럽의 '고전 음악'을 가리키는 말이라고 알고 그렇게 쓴다. 학자든 애호가든 마찬가지이다. 그러나 '클래식'은 '일류, 최고, 대표, 명품'을 뜻하는 말이다. 그러나 유럽 사람들이 만들고 발전시켜 온 음악이 지구별 위의 수많은 음악 가운데 최고일 수는 없는 일이다. '클래식 뮤직'이 아니라 '클래시컬 뮤직(classical music)'이라고 해야 정확한 표현이다. 우리 식으로 말하면 '서양 고전 음악'쯤 될 것이다.

'뮤지컬(musical)'이란 말도 그렇다. 이건 형용사인데 왜 명사로 쓰느냐고 얄팍한 지식을 가지고 타박하지 말기 바란다. 뮤지컬은 뮤지컬코미디(musical comedy)를 줄여 말하던 것이 영국과 미국을 중심으로 발전한 특정 음악극 양식을 부르는 말로 정착된 것이다.

요즘 우리나라의 뮤지컬 시장이 뜨겁다. 제작 환경도 많이 좋아졌고, 공연의 질도 높아졌다. 좋은 공연이 관객을 끌어모으고 입소문을 타고 다시 관객을 불러

들이는 선순환 구조가 마련된 것이다. 이른바 '세계 4대 뮤지컬'—사실 이런 말은 없다. 이 나라의 독특한 서열 문화와 천박한 상업주의가 만들어 낸 말이다. 뮤지컬의 본고장인 영국과 미국에서는 뮤지컬 빅 4(musical big 4)라고 한다.—은 봐야 하고, 비록 보지는 못했어도 제목과 앤드루 로이드 웨버라는 이름 정도는 입에 올릴 수 있어야 문화인이 된 것 같다.

뮤지컬 빅 4가 뛰어난 작품임에는 틀림없다. 웨버가 뮤지컬계의 거장이라는 것도 맞는 말이다. 그러나 뮤지컬의 모든 것은 아니다. 널리 알려지지는 않았어도 뛰어난 예술성을 갖춘 작품은 수없이 많고, 국내의 열악한 환경을 딛고 우리의 문화와 전통에 뿌리를 내리고 있는 작품도 많다. 진정으로 뮤지컬을 사랑하는 사람이라면 해외 유명 공연이 들어오기를 기다리기보다는 작고 열악하지만 아름다운 무대를 찾는 것이 이 나라 뮤지컬의 발전이나 개인의 문화생활을 위해 더 좋은 일이 될 것이다. 예술과 예술가에 대한 예의이다.

대중가요 가수는 물론이고 성악 전공자들도 앞다투어 뮤지컬 무대로 진출하고 있다. 뮤지컬 무대의 스타가 공중파 방송에서 노래 솜씨를 뽐내기도 한다. 가창력과 연기력을 두루 갖춘 좋은 배우들이 대중에게 얼굴과 이름을 알리는 일 또한 좋은 일이다. 그러나 이름값에 비해 실망스러운 사람도 많다. 연기력이 모자란 것은 둘째로 치더라도 호흡과 발성은 말할 것도 없고, 음정마저 불안한 사람이 뮤지컬 무대에 서서 젊은 여성이나 극성스런 일본 중년 부인들의 손뼉과 괴성에 답하는 것을 보면 민망하기까지 하다. 이른바 스타 마케팅이다.

뮤지컬 무대에도 '한류' 바람이 분다. 아이돌 그룹의 스타들이 내국인은 물론 외국인까지 뮤지컬 시장으로 끌어들이고 있다. 이른바 '티켓 파워'를 자랑한다. 흥행에 성공하지 못하면 살아남을 수 없는 것은 당연한 일. 뮤지컬 산업에 종사하는 사람들 처지에서도 나쁜 일만은 아니다. 그러나 외형만 키운다고 해서 좋은 것일까. 인기를 좀 끌었다고 해서 '깜'도 되지 않는 드라마나 만화를 뮤지컬로 각색하고 졸속으로 무대에 올리는 일이 바람직할까. 문제는 공연의 콘텐츠이다.

대형 뮤지컬 제작도 늘어나고 있다. 대기업 자본이 뮤지컬 시장에 진출하고 뮤지컬 전용관도 많이 생겼다. 뮤지컬 시장을 블루 오션으로 보고 있기 때문일 것이다. 해외 시장 진출을 노리는 건 말할 것도 없다.

뮤지컬의 부가가치는 대단하다. 공연 수입으로만 볼 일이 아니다. 대본과 음악은 물론이고, 무대와 소품에 이르기까지 저작권이 걸려 있기 때문이다. 뮤지컬을 지망하는 사람들을 위해서도 좋은 일이다.

그러나 걱정도 만만치 않다. 대형 뮤지컬 위주로 시장이 재편되다 보면 작품성 높은 중·소형 뮤지컬이 외면당하고 결국 군소 제작사들이 무너지게 된다. 시장의 다양성이 사라지는 것이다.

물론 대형 제작사들이 해외 대형 뮤지컬을 수입하여 뮤지컬 시장이 커지고, 이에 따라 군소 제작사들의 생존 환경이 어느 정도 좋아졌으며, 정부와 대기업이 규모와 상관없이 우수한 작품을 지원하는 제도가 마련되어 있는 것도 사실이다.

그동안 국내 뮤지컬 무대는 해외 대형 공연이 점령하고 있었다. 상업성과 예술

성이 이미 검증된 작품이어서 실패할 위험이 거의 없기 때문이다. 그러나 뮤지컬 시장이 커지는 데 견주어 볼 때 수입 또는 라이선스 공연은 한계가 있고, 로열티도 부담스럽기 때문에 창작 뮤지컬이 꾸준히 제작되고 있다. 국내 시장에서 성공했을 뿐만 아니라 해외 시장에 진출하는 일도 아직은 적지만 점점 늘어나고 있다.

해외 뮤지컬 시장으로 나아가는 것은 필요한 일이다. 그러나 그것은 기술과 자본으로만 되는 것은 아니다. 중요한 것은 콘텐츠이다. 우리 문화와 역사에 뿌리를 둔 작품만이 해외 시장에서도 통할 수 있다. 세계 어디에 내놓아도 부끄럽지 않은 공연예술 전통을 가지고 있으면서 어설프게 서양의 것을 흉내나 내고 있어서야 되겠는가. 물론 이 말이 과격한 애국주의나 민족주의를 뜻해서는 곤란하다. 그래서도 안 된다. 온누리 어디에 살고 있든, 사람이라는 동물의 기본 정서는 같은 법이다. 우리 식 공연예술이 세계인의 마음을 움직이지 못할 이유가 없다. 구한말 이후 끊기다시피 한 우리 것을 찾아 연구하고 계승·발전시켜야 할 까닭이 여기에 있다. 아무리 서양, 그중에서도 미국의 힘이 크다고 할지라도 말과 문화와 정신까지 그들에게 얽매여서는 안 될 일이다.

뮤지컬을 바라보는 관객의 안목도 높아지고, 뮤지컬을 공부하거나, 배우 또는 스태프를 지망하는 젊은이들도 늘어나고 있다. 필자도 음악극을 공부했다. 기획, 작곡, 연기는 말할 것도 없고 음악극을 제작하는 현장에서 조연출 또는 연출로 일하기도 했다. 지금도 뮤지컬을 지망하고 꾸준히 공부하고 있다. 그러나 공부를 하려 해도 국내 뮤지컬 관련 도서는 빈약하기 짝이 없다. 풍부한 내용과 높은 수

준을 자랑하는 것도 있지만, 대부분 내용이 엉성하고 질도 낮으며 불친절하기까지 해 늘 아쉬움을 느끼던 터였다. 이 책을 쓰게 된 까닭이다. 뮤지컬을 더 깊이 배우고 싶어 하는 대중이나 공부하려는 사람들에게 도움이 되는 책을 쓰고 싶었던 것이다.

이 책은 필자가 연극과 음악극 무대에서 일한 경험과 최근까지 이어진 공부를 정리한 것이다. 행여 문외한이 주제넘게 나섰다고 꾸짖지는 말기 바란다. 몇 가지 다른 것도 있기는 하지만 뮤지컬도 음악극의 한 갈래이다. 그래서 공부가 필요했고, 그 결과를 정리하다 보니 내가 겪은 어려움을 돌아보게 된 것이다.

처음에는 얇고 작지만 모든 것을 담은 책을 쓰려고 했다. 그러나 아직은 내공이 부족하여 뼈대만 앙상한 느낌을 주는 원고가 되어 버렸다. 출판 쪽에서 일하는 분들이 초고에 대해 많은 충고를 해 주셨다. 특히 배소라, 최효석 선생의 충고는 아팠지만 소중한 자산이 되었다. 지면을 빌려 고마운 마음을 전한다. 부족한 글을 꼼꼼히 읽고 감수해 주신 선배이자 동지인 이인형 사장도 고맙기 짝이 없는 분이다. 이름을 다 들어 말할 수는 없지만 원고를 쓰는 가운데 페이스북을 통해 힘을 주신 여러 동무들도 마찬가지이다.

원고를 쓰면서 뮤지컬의 성격과 종류를 밝히고, 뮤지컬이 발전해 온 과정을 정리하는 데 많은 정성을 기울였다. 그리고 뮤지컬 제작 과정과 그 속에서 수고하는 사람들이 해야 할 일도 정리하였다. 뮤지컬 전반을 이해하기를 원하는 사람이나 공부하는 학생들을 배려한 것이다. 또한 지금까지 잘못 알려진 사실을 바로잡

고 모자란 설명도 채워 넣으려고 애를 많이 썼다. 연극에 대한 지식이 없으면 이해하기 어려운 것들도 되도록 배경지식을 이야기하는 속에서 쉽게 이해할 수 있도록 배려했다. 과거 연극과 음악 무대에서 쌓은 지식과 경험이 많은 도움이 되었다.

한편 국내 자료는 물론이지만 빈약하고 모자란 것들이 많아 해외 자료에 많이 의존했고, 그러다 보니 번역 문제가 있었다. 예상보다 집필 기간이 길어진 까닭이기도 하다. 번역에 있어 오류가 있다면 그것은 온전히 필자가 책임져야 할 일이다. 다시 한 번 말하지만 이 책은 내 공부의 결과물이다. 모자란 곳은 더 많은 공부와 경험을 쌓아 기워 내야 할 것이다.

모든 걸 팽개치고 집필에 매달리는 남편을 늘 따스한 눈으로 바라보고 힘을 북돋워 준 아내 정선영에게 이 책을 바친다.

03
Chapter

뮤지컬 만들기

Appendix

부록

일러두기

- 본문에 언급된 작품명에 위첨자로 표시된 숫자는 이 책 188쪽, 부록 1 '본문 수록 주요 뮤지컬 작품 해설'에 실려 있는 작품 번호입니다. (⑩ 본문 18쪽의 「마이 페어 레이디*My Fair Lady*」(1956)9는 본문 204쪽에 수록된 작품 번호입니다.)

- 본문에 언급된 오페라, 뮤지컬, 연극 등의 공연물 제목에는 낫표(⑩ 「오페라의 유령」)를, 소설, 시 등 문학 작품의 제목과 잡지 및 신문 등의 제호에는 겹낫표(⑩ 『말괄량이 길들이기』)를 사용하여 구분하였습니다. 또한 노래 제목인 경우에는 꺾은 괄호(⑩ 〈불가능한 꿈〉)를, 앨범 제목인 경우에는 겹꺾은 괄호(⑩ 《토미》)를 사용하여 구분하였습니다.

01
Chapter

All About The Musical 뮤지컬 산책

뮤지컬이란?

1. 뮤지컬의 정의

사람들은 뭔가 그럴싸하게 다듬어 낸 한마디 말로 똑 부러지게 정의하는 것을 좋아하는 것 같다. "뮤지컬(musical)은 기악과 노래, 연기, 힘찬 안무, 무대 기술 따위를 종합 구성하여 관객과 함께 숨 쉬고 움직이는 무대예술이다."처럼 말이다. 그러나 이는 뮤지컬의 겉모습일 뿐이다. 오랜 세월에 걸쳐 여러 민중 공연 양식, 연극, 오페레타(operetta) 따위가 만나 발전해 온 역사를 한마디로 담아낼 수 있을까? '뮤지컬'이라고 뭉뚱그려 말하기는 하지만 거기에는 수많은 하위 장르가 있고, 때로는 "그게 그거지 다른 게 뭐야?" 또는 "저런 것도 뮤지컬이야?" 하고 고개를 갸우뚱하게 만드는 것도 있다. 이런 상황에서 그 속에 담긴 참으로 많은 형식과 음악 세계를 한마디로 아우를 수 있을까?

뮤지컬이라는 무대공연 장르는 여러 가지로 나눌 수 있다. 내용에 따라 뮤지컬 트래지디(musical tragedy), 뮤지컬 멜로드라마(musical melodrama), 뮤지컬 판타지(musical fantasy), 뮤지컬 페이블(musical fable) 따위로 나누기도 하고, 규모에 따라 대극장 뮤지컬, 중극장 뮤지컬, 소극장 뮤지컬로 나누는가 하면, 공연 판권에 따라 수입 뮤지컬, 라이선스 뮤지컬, 창작 뮤지컬로 나누기도 한다. 게다가 양식에 따라 나누게 되면 참으로 많은 음악극 양식을 뮤지컬의 하위 장르에 집어넣을 수도 있다.

이렇듯 뮤지컬의 세계는 다양하다. 그러나 그 모든 분류를 다 알고 있어야만 뮤지컬을 잘 이해할 수 있는 것은 아니다. 뮤지컬을 살아가는 방도로 삼든, 취미나 문화생활의 한 방편으로 삼든 그것을 사랑하고 즐기면 그만이 아니겠는가. 그러나 다른 한편으로 생각해 보면 뮤지컬이라는 세계 속으로 첫걸음을 내딛는 사람이 "뮤지컬이 도대체 무엇인가?"고 물을 때 그 답을 이끌어 내는 실마리로는 매우 쓸모 있는 지식이기도 하다. 뮤지컬을 한마디로 정의한다는 것은 어려운 일이지만 뮤지컬의 종류, 뮤지컬이 지닌 여러 성격과 발전 역사를 살펴보면 뮤지컬을 폭넓게 이해하는 데 도움이 될 것이다.

'뮤지컬'이라는 말로 짐작할 수 있듯이 이 장르는 음악, 특히 노래를 중심으로 만드는 음악극으로 연기, 쇼, 무용 따위가 음악과 조화를 이룬 종합 공연물이다. 넓게 보면 오페레타를 포함한 음악극 작품을 가리키며, 레뷰(revue), 보드빌(vaudeville)과 같이 드라마 성격이 좀 모자란 양식들도 들어간다. 한마디로 현대 예술의 총화이며, 인류 사회의 모든 예술 장르가 뒤섞여 있는 종합예술인 것이다.

또한 부르주아가 주도하는 근대 시민사회가 형성되던 시기에 시민계급의 욕구를 반영하면서 모습을 갖추기 시작했기 때문에 시민사회의 특성인 합리성, 과학성, 대중성을 골고루 갖추고 있기도 하다.

공연예술의 한 갈래로 뮤지컬이 모습을 드러내고 발전한 역사는 100년 정도에 지나지 않지만, 뮤지컬은 오늘날 가장 널리 사랑받는 장르로 성장했다. 현대인의 문화 욕구를 폭넓게 담을 수 있는 가장 알맞은 그릇이기 때문이다.

뮤지컬의 종류와 특징

구분 기준	종류	특징	
내용	뮤지컬 트래지디	• 전통적인 비극 양식을 취하는 연기 기반의 뮤지컬 • 진지한 표현과 주제의 작품을 통칭	
	뮤지컬 멜로드라마	• 몰입을 유도하는 복잡한 스토리 • 선인, 악인 등 전형적인 캐릭터	
	뮤지컬 판타지	환상적인 소재와 장소, 기이한 캐릭터 등장	
	뮤지컬 페이블	우화를 소재로 한 뮤지컬	
극장 규모	대극장 뮤지컬	1,000석 내외의 대극장이나 체육관에서 공연	
	중극장 뮤지컬	500~600석 내외의 중극장에서 공연(대부분의 뮤지컬)	
	소극장 뮤지컬	100~200석 내외의 소극장에서 공연	
판권	수입 뮤지컬	외국 작품을 그대로 수입하는 공연이다. 한국도 문화 수준과 소득 수준이 높아지면서 오리지널 멤버들이 출연하는 공연이 잦아지고 있다. 출연진과 제작진이 모두 외국인이며, 계약에 따라 일부 국내 인력의 참여도 가능하다.	
	라이선스 뮤지컬	수입과 창작의 중간 형태라고 할 수 있다. 외국 제작팀의 노하우를 전수받은 국내 기술진이 스태프를 맡고, 국내 출연진이 합류하여 공연한다.	
		레플리카	논레플리카
		복제품이란 뜻이다. 제작사가 제시한 매뉴얼대로 제작해야 하므로, 원작의 맛을 제대로 볼 수 있으나 공연 현지의 정서를 반영하기 어렵다.	기본 얼개는 살리되 수정이 가능한 경우이다. 현지의 정서에 맞추어 잘 수정하면 원작보다 더한 성공작을 만들 수도 있다.
	창작 뮤지컬	국내 인력이 대본, 음악, 안무를 모두 담당한다. 흥행을 확신할 수 없으므로 투자가 제대로 이루어지지 않을 수 있다.	

2. 양식에 따른 뮤지컬의 분류

■뮤지컬코미디(musical comedy)

「게이어티 걸」 공연 포스터

영국의 코믹오페라(comic opera)가 미국에 도입되면서 발전한 희극적 뮤지컬로 현대 뮤지컬의 원형이 되었다. 오페레타나 코믹오페라보다는 가볍고 벌레스크(burlesque)보다는 논리적 일관성을 갖춘 것으로, 뮤지컬 파스(musical farce)가 더욱 발전한 형태이다. 벌레스크와 구별하기 위해 뮤지컬코미디라고 부르게 되었다. 미국에서 뮤지컬이라고 하면 뮤지컬코미디를 가리킬 때가 많다.

영국의 조지 에드워즈(George Edwardes, 1855~1915)가 런던 게이어티 걸스(London Gaiety Girls)를 이끌고 뉴욕 시에서 공연한 「게이어티 걸_A Gaiety Girl_」(1893)이 뮤지컬코미디라고 불린 첫 작품이다.

뮤지컬코미디는 가벼운 플롯, 코미디에 기초한 과장된 표현과 절묘한 위트, 극적인 노래와 춤을 버무린 것으로 심각한 상황이 연출되기도 하지만 대개 해피엔딩이다. 시대 상황에 맞아야 하므로 노래는 고루하지 않아야하며, 노래의 서정적 메시지가 스토리를 앞서 가며 복선을 제공해야 한다.

■뮤지컬 연극(musical play)

오페레타의 직계 후손이라고 볼 수 있는 이 양식은 노래가 스토리를 앞서 가며 복선을 제공하고 인물의 성격을 드러낸다는 점에서 뮤지컬코미디와 같지만 진지한 주제와 목적의식이 있다는 점에서 뮤지컬코미디와 구분된다.

■ 오페레타(operetta)

오페레타는 'opera'에 축소형 어미 '-etta'를 붙여 만든 말로, '작은 오페라'라는 뜻이다. 오페라에서는 대사도 노래로 하는데, 이를 레치타티보(recitativo)라고 한다. 오페레타에는 연극과 마찬가지로 대사가 들어가는데, 고전 음악을 기초로 한다는 점에서 음악의 본질은 오페라와 차이가 없다. 오늘날 뮤지컬의 직접 조상이다.

「마이 페어 레이디*My Fair Lady*」(1956)[9]는 오페레타 전통의 정점에 있는 작품이다.

■ 뮤지컬 퍼레이드(musical parade)

뮤지컬 캐벌케이드(musical cavalcade) 또는 전기 뮤지컬이라고도 한다. 특정 작곡가나 작사가의 작품을 엮어 그 인물의 일대기를 만들고, 연극 요소를 추가한 뮤지컬로 레뷰의 일종이다.

플롯이 없거나 간단한 상황 설정만 있기 때문에 상상력이 풍부한 연출가와 안무가가 필요하다. 제작 비용이 적게 들고 무대장치가 단출하기 때문에 순회공연에 적합한 양식이다. 이야기가 강조되는 노래극과 이야기가 거의 없는 갈라쇼로 나누기도 한다.

제롬 컨(Jerome Kern, 1885~1945)의 영화 음악을 모아 만든 「제리, 할리우드에 가다*Jerry Goes to Hollywood*」(1985), 엘비스 프레슬리의 노래로 구성

한 「엘비스*Elvis*」(1988) 따위를 들 수 있다.

■원맨쇼(one-man show)

특정한 플롯 없이 과거의 뮤지컬 넘버를 뽑아 꾸미는데, 예전에 극장 무대를 빌려 공연하던 가수들의 리사이틀처럼 노래와 함께 약간의 콩트를 선보인다. 플롯은 없으나 연극과 같은 구조를 갖출 수 있도록 선곡해야 한다.

■브로드웨이 오페라(Broadway opera)

뮤지컬 연극과 마찬가지로 진지한 주제를 다룬다. 대사를 노래로 처리하고, 고전 오페라에서 비롯된 노래를 부르기 때문에 노래의 가사보다는 음악과 감정을 강조하며, 춤이 차지하는 비중이 낮다.

■뉴 오페레타(new operetta)

브로드웨이 오페라와 같이 거의 모든 대사가 노래로 불리지만 브로드웨이 오페라와 달리 음악과 감정보다는 노래 가사를 중시한다. 정통 오페레타와는 달리 판타지를 강조한다.

■플레이 위드 뮤직(play with music)

노래와 음악이 효과처럼 쓰인 연기 기반 뮤지컬이다. 음악 없이 플롯이 지속되고 노래는 장면의 즐거움을 증폭하기 위해 사용된다.

■북 뮤지컬(book musical)

'북(book)', 곧 대본을 중시하는 뮤지컬이다. 초기의 쇼 뮤지컬에서 한결음 더 나아간 것으로 탄탄하게 구성된 이야기를 통해 인물의 성격과 극의 상황을 부각하며, 노래와 춤을 극 안에 통합하여 진지한 주제 의식을 드러낸다.

작곡가인 리처드 로저스(Richard Rodgers, 1902~1979)와 작사가인 오스카 해머스타인 2세(Oscar Hammerstein Ⅱ, 1895~1960)가 대본의 중요성을 인식하였는데, 이들의 작품 「오클라호마!*Oklahoma!*」(1943)[5]는 「순항 연예선 *Show Boat*」(1927)[2]에서 시작된 북 뮤지컬이 제대로 발전하고 있음을 알리는 신호탄이었다.

■ **콘셉트 뮤지컬(concept musical)**

시사 또는 사회문제를 다룬 레뷰라고 할 수 있다. 강렬한 콘셉트 하나와 심각한 주제 의식을 드러내는 에피소드가 나열되므로 플롯이 약하며 간단한 상황만 설정한다.

북 뮤지컬과 콘셉트 뮤지컬의 비교

	북 뮤지컬	콘셉트 뮤지컬
주도자	리처드 로저스, 오스카 해머스타인 2세	스티븐 손드하임, 해럴드 프린스
특징	대본 중시	콘셉트 중시
	통합 뮤지컬 • 막에 따라 전혀 다른 시공간 창조 • 전체가 하나의 스토리로 통합	• 배역 간의 정서적, 내면적 관계 표현 • 추상적 무대장치
	해피엔딩	해피엔딩이 중요하지 않음
	감정이입 수법	소외 효과 추구
	낙관주의 바탕, 회피주의 심리	문제 제기, 지적 만족 추구
음악	대중가요 형식(AABA)	인물과 상황 따라 계속 바뀌며 발전 → 음악 자체가 드라마이자 스토리

황금기의 북 뮤지컬과 대비되는 새로운 경향으로, 스티븐 손드하임(Stephen Sondheim, 1930~)과 연출가 해럴드 프린스(Harold Smith "Hal" Prince, 1928~)에 의해 정립되었다.

■록 뮤지컬(rock musical)

1960~1970년대는 강렬한 비트를 지닌 록 음악이 뮤지컬에 접목되었다. 록 뮤지컬 가운데 오페라처럼 대사가 없이 노래로만 진행(성-스루, sung-through)되는 경우 록오페라(rock opera)라고 부르기도 한다.

록 뮤지컬의 첫 작품으로 꼽히는 「헤어*Hair*」(1968)[14]는 증폭된 록 음악을 써서 기존 질서에 대한 히피들의 반항, 프리섹스 등 충격적 소재를 다루었다. 「헤어」는 영국 뮤지컬 「토미*The Who's Tommy*」(1993)[13]와 더불어 젊은이를 위한 새로운 뮤지컬 시대를 열었다.

그러나 문제는 있었다. 짧고 단순한 악절과 몇 개의 간단한 코드가 끊임없이 반복되는 록 음악의 한계 때문이다. 반복되는 선율에 가사를 붙이다 보니 복잡 미묘한 인물들의 내면을 이야기로 풀어 나가는 데 한계가 있었다.

이러한 단순성의 한계를 극복한 사람이 앤드루 로이드 웨버(Andrew Lloyd Webber, 1948~)*이다. 록을 사용하되 인물의 성격과 상황에 맞게 팝이나 브로드웨이의 다양한 음악 양식을 함께 사용하는 전략을 구사한 것

---

* 부모가 모두 음악가이기 때문에 어려서부터 음악을 쉽게 접했으며, 동생 줄리언(Julian Lloyd Webber, 1951~)도 유명한 첼로 연주자이다. 이름 앞에 경(卿, Sir) 칭호가 붙는데, 1992년 국가에 대한 공로를 인정받아 기사로 서임됐고, 1997년 남작(Baron)으로 봉작되어 종신귀족(life peer)이 되었기 때문이다. 영국 상원(House of Lords) 의원이기도 하다. 그의 작품 「에비타」, 「캣츠」, 「오페라의 유령」이 웨스트엔드와 브로드웨이에서 동시에 상연되는 진기록을 세우기도 했다.

이다. 한편으로는 「드림걸스*Dreamgirls*」(1981)[27]처럼 리듬앤드블루스를 수용하는 방향으로 나아간 것도 있다.

1980년대에 이르러 「레 미제라블*Les Misérables*」(1985)[23], 「오페라의 유령 *The Phantom of the Opera*」(1986)[22]을 제외하면 록 뮤지컬은 쇠락하기 시작했다. 그러나 「렌트*Rent*」(1996)[29] 이후 영국의 유명 가수이자 작곡가인 엘튼 존(Elton John, 1947~)이 뮤지컬 무대에 등장하고, 디즈니사의 만화영화가 뮤지컬로 만들어지면서 새 길을 찾고 있는 것으로 보인다. 주크박스 뮤지컬 또한 강세를 보이고 있다.

■블록버스터 뮤지컬(blockbuster musical)

19세기의 그랜드 오페라처럼 화려한 의상과 무대장치, 규모가 장대한 음악, 그리고 최첨단 기술을 활용하여 거대하게 만든 뮤지컬로 앤드루 로이드 웨버가 이런 흐름을 주도했다. 그의 초기작인 「지저스 크라이스트 슈퍼스타*Jesus Christ Superstar*」(1971)[19], 「에비타*Evita*」(1978)[20], 「캣츠*Cats*」(1981)[21]는 대사 없이 음악으로 일관하는 뮤지컬로 음악의 규모가 장대하다. 「오페라의 유령」은 오페라식으로 훈련된 성악가가 아니면 부를 수 없을 정도로 높은 기술과 음악성을 요구한다. 이런 작품들을 통해 웨버는 그랜드 오페라와 다를 바 없는 엄청난 크기로 뮤지컬을 만들 수 있다는 것을 증명한 것이다.

거대한 성벽이 시종일관 무대를 압도하는 「레 미제라블」(1985)은 성-스루 뮤지컬*의 최고봉이라고 할 수 있다. 작곡자인 클로드-미셸 쇤베르

---

* 오페라처럼 대사 없이 노래가 이어지는 뮤지컬이다. 「지저스 크라이스트 슈퍼스타」, 「에비타」, 「레 미제라블」, 「노트르담 드 파리」 따위가 이에 속한다. 성-스루 뮤지컬은 전체가 한 곡처럼 인식되므로 매우 풍

크(Claude-Michel Schönberg, 1944~)는 이 작품을 그랜드 오페라의 웅장함과 팝송의 친밀함을 한데 섞어 놓았다는 뜻으로 '팝 오페라'라고 부르기도 했다. 이와 같이 장대하고 화려한 무대와 최첨단 기술을 동원한 뮤지컬을 블록버스터* 뮤지컬이라고 한다.

■ 댄스 뮤지컬(dance musical)

대사와 노래 대신 무용이 줄거리를 전개하고 등장인물의 성격과 감정을 표현하는 강력하고 효과적인 수단으로 쓰인 뮤지컬을 말한다.

전설과도 같은 안무가 제롬 로빈스(Jerome Robbins, 1918~1998)**가 연출한 「웨스트사이드 스토리West Side Story」(1957)[6]가 좋은 예인데, 제트파와 샤크파의 결투와 같은 사실적 장면을 양식화된 춤동작으로 표현했다. 춤을 통해 표현한다고 해서 사실성이 저하되는 것이 아니라 오히려 증폭됨을 보여 준 작품이다.

■ 주크박스 뮤지컬(jukebox musical)

예전에 인기 있던 곡을 활용해 만든 뮤지컬이다. 아바(ABBA)의 노래를 활용한 「맘마미아Mamma Mia」(1999)를 생각하면 쉽게 알 수 있는 양식이

성한 느낌을 주지만 노랫말이 제대로 전달되지 않을 수도 있기 때문에 주요 곡이 아닌 간단한 노래들은 선율을 매우 단순하게 하거나 오페라의 레치타티보처럼 만들 필요가 있다.

* 제2차 세계대전 때 영국 공군이 쓰던 4.5톤짜리 폭탄의 이름인데 초대형 폭탄이란 뜻이다. 할리우드 영화사들이 대형 히트작을 일컬을 때 이 말을 쓰기 시작하면서 널리 퍼졌다. 보통 매표 매출액이 4억 달러 이상이거나 제작 비용이 많이 든 영화를 말하기도 한다.

** 주로 고전 발레에서 현대 음악극에 이르기까지 다양한 작업을 하는 안무가로 알려져 있지만 종종 영화나 텔레비전 드라마도 연출했다. 그의 작품은 수없이 많지만 「왕과 나」, 「웨스트사이드 스토리」, 「집시」, 「지붕 위의 바이올린」이 유명하다. 「집시」와 「지붕 위의 바이올린」에서는 안무와 연출을 동시에 맡기도 했다. 다섯 번에 걸친 토니상, 두 번에 걸친 아카데미상을 받았고, 케네디 명예상을 받기도 했다.

다. 이 밖에 퀸(Queen)의 노래를 활용한 「위윌록유We will Rock You」(2002), 빌리 조엘(Billy Joel)의 노래로 구성한 「무빙 아웃Moving out」(2002) 등이 있다. 특히 「무빙 아웃」은 배우들의 대사나 노래가 없고 오직 춤으로 구성되며, 노래는 무대 뒤의 밴드가 부르는 독특한 형식이다.

뮤지컬과 비슷한 다른 장르

• 오페라

이야기나 춤보다 음악성이 중심이므로 힘찬 춤 장면을 기대하기는 어렵고, 짧은 대사도 노래로 부른다. 노래 역시 노랫말을 전달하기보다는 아름다운 소리를 내는 것이 중요하며, 가벼운 이야기라도 차원 높은 음악성이 필요하다. 오페라 출연자는 '가수'라고 부르며, 고전주의 음악에 근거해 마이크를 쓰지 않은 채 오페라 창법으로 노래한다. 가수이므로 춤은 추지 않는다.

이에 비해 뮤지컬은 연극과 같은 요소가 강하므로 연극에 가까운 플롯과 이야기가 중요하다. 오페라와 달리 대사가 있고 무엇보다도 대중적인 음악과 연출이 필요하며, 힘찬 안무는 필수이다. 출연자는 '배우'라고 부르며 마이크를 써서 벨팅(belting, 가슴을 울려 소리 내는 흉성) 창법으로 노래하는데, 정확하고 분명하게 발음하는 것이 중요하다. 뮤지컬 배우는 연기, 노래, 춤을 모두 맡는다.

• 오페레타

연극과 같은 대사가 있으며, 춤이 많이 들어가는 희극적인 오페라를 가리킨다. 오페라에서 뮤지컬로 이행하는 과도기적 형태를 가리키거나 때로 오페라와 뮤지컬의 한 분야로 치기도 한다.

• 오페라와 뮤지컬의 차이점

구분		오페라	뮤지컬
명칭		'opera in musica'의 준말	'musical comedy'의 준말
기원		16세기 이탈리아	19세기 영국과 미국
첫 작품		• 「다프네Daphne」(1598) : 전하지 않음 • 「에우리디케Eurydice」(1600) : 전하는 것 가운데 가장 오래됨 • 「오르페오L'Orfeo」(1607) : 오늘날 공연되는 것 가운데 가장 오래됨	「거리에서In Town」(1892)
공연장		오페라 전용 극장	제약 적음
음악	장르	고전주의 순수 음악(클래시컬)	세속 음악(대중음악)
	노래	대사 없이 노래로만 진행한다. 대사에 해당하는 짧은 노래를 레치타티보라고 한다.	대사가 있지만 노래로만 히는 성-스루 뮤지컬, 노래조차 없는 댄스 뮤지컬도 있다.
	창법	벨칸토 창법(두성 사용)	벨팅 창법(흉성 사용)
	중점	노랫말 전달보다 음악성이 중요	음악성은 물론 노랫말 전달도 중요
	반주	반드시 관현악단	전자악기 및 MR 반주 가능
	언어	원어 사용(주로 이탈리아어)	현지 언어로 번역 또는 개사 가능
음향 장치		마이크 쓰지 않음	마이크를 씀
춤		• 춤이 적어 율동성 적음 • 춤으로만 진행할 수 없음	• 춤이 주요 구성 요소이므로 율동 풍부 • 리듬과 춤만으로도 진행 가능
출연자		• 가수(전문 성악인이 아니면 불가능) • 노래만 부르며, 춤은 추지 않음	• 배우(대중가수나 영화배우, 연극배우도 가능) • 노래, 춤, 연기를 모두 맡음
교육		성악과	연극과, 연극영화과, 뮤지컬과
코미디 요소		적음	많음
내용		옛날이야기나 사랑 이야기가 많음	옛날이야기도 오늘날에 맞게 재해석, 각색

3. 뮤지컬의 성격

뮤지컬을 한마디로 정의하기 어려운 것은 뮤지컬이 지닌 성격이 다양하기 때문이기도 하다. 뮤지컬도 넓게 보면 연극, 좁혀 보면 음악극 가운데 하나이지만, 그 발전 역사 속에서 수많은 대중 공연 장르와 음악 형식이 녹아 들어갔으며, 연극과는 견줄 수 없이 얼개가 복잡하다.

그러므로 뮤지컬이 지닌 여러 성격을 먼저 살펴보는 것이 뮤지컬을 더 빨리, 그리고 쉽게 이해하는 길이 될 것이다.

■ 뮤지컬은 뮤지컬코미디를 줄여 부르는 말이다

뮤지컬의 직접 조상으로는 희가극이라고 옮길 수 있는 오페레타로 친다. 뮤지컬은 무엇보다도 희극성을 갖춰야 하는데, 진지하고 엄숙한 오페라세리아(opera seria)*에 대한 반동으로 나타난 오페레타는 희극성을 갖출 수밖에 없었고, 이것이 발전하면서 귀족계급에 대항하는 시민계급의 오락물이 태어난 것이다.

드라마와 연극성이 강조된 뮤지컬 연극, 뮤지컬드라마(musical drama) 따위도 뮤지컬에 들어가지만 뮤지컬은 오락적 성격이 뚜렷한 상업 장르이다. 재미가 없으면 흥행할 수 없고 결국 존속할 수도 없는 것이다. 심하게는 단 1회 공연으로 막을 내린 작품도 있다. 그러므로 뮤지컬은 대중 장르이기도 하다. 대중의 취향에 맞는 음악을 쓰고 여러 가지 민속음악도

---

* '진지한 오페라'라는 뜻. 1700년대에 이탈리아에 유행한 귀족적인 오페라 양식이다.

끌어다 쓴다. 때로 클래시컬 음악의 어법을 따르기도 하고 오페라 형식을 따르기도 하지만 철저히 대중의 눈높이에 맞추어 만든다.

■ 뮤지컬은 음악극(music drama)이다

음악극은 리하르트 바그너(Wilhelm Richard Wagner, 1813~1883)가 제창한 공연 양식으로 연극, 음악, 무용을 긴밀하게 결합한 종합예술이다. 바그너는 '음악극'이라는 용어를 쓰지 않았을 뿐만 아니라 못마땅하게 여겼다지만 다른 이들이 이런 양식을 '무지크드라마(Musikdrama)'라고 이름 붙이면서 비롯된 말이다. 오늘날 음악을 비롯한 여러 가지 공연예술 장르가 종합된 연극을 뜻하는 말로 널리 쓰이고 있다. 넓은 의미로는 오페라, 오페레타, 뮤지컬, 레뷰, 판소리, 창극 따위도 포함된다.

뮤지컬과 마찬가지로 극 전개에 음악이 사용되지만 이야기를 전달하는

브로드웨이 최장 공연과 최단 공연

최장 공연은 「오페라의 유령」이다. 2006년 1월 6일 「캣츠」의 공연 기록 7,485회를 깨뜨렸으며, 브로드웨이에서 18년 넘게 공연된 유일한 작품이다. 1988년 브로드웨이 무대에서 막을 올린 이후, 2013년 브로드웨이 공연 25주년이라는 경이로운 기록을 세우기도 하였다. 참고로 웨스트엔드 최장기 공연작은 「캣츠」이다.

최장 공연 기록은 언젠가 깨질 수도 있지만 결코 깨지지 않을 기록이 있다. 바로 최단 공연이다. 동명의 영화를 기초로 라이어널 바트(Lionel Bart, 1930~1999)가 작곡하고 마틴 차닌(Martin Charnin)이 작사한 「라 스트라다_La Strada_」(1969)는 비평가들의 악평을 견디지 못하고 단 1회 공연으로 막을 내렸다. 그렇다고 해서 라이어널 바트가 실력 없는 작곡가는 아니다. 그가 쓴 뮤지컬 「올리버_Oliver_」는 영국에서 성공을 거둔 뒤 브로드웨이로 건너가 성공한 첫 번째 영국 뮤지컬이다.

주된 수단은 대사와 연기이며, 음악은 연극의 효과를 높이기 위한 수단이다. 뮤지컬에서는 노래, 음악, 춤이 이야기를 전달하는 주된 수단이다.

■뮤지컬은 종합극(총체극, total theatre)이다

뮤지컬을 감상하러 극장에 가면 무대가 보이고, 조명 아래서 춤추고 노래하고 연기하는 배우들을 볼 것이며, 노래와 음악을 듣게 될 것이다. 그리고 오케스트라 피트(orchestra pit)*에서 연주하는 사람들과 지휘자를 어렴풋이 볼 수 있을 것이다. 그러나 보이는 것 이상으로 보이지 않는 곳에서 애쓰는 수많은 사람들이 없다면 뮤지컬은 결코 만들 수 없다.

뮤지컬의 본질은 연극이다. 여기에 음악(노래)과 춤이 더해진다. 뮤지컬은 음악, 특히 노래가 생명이다. 노래를 가운데 두고 춤과 연극을 플롯에 따라 긴밀하고 조화롭게 짜 맞춘다. 이때 노래는 연극 또는 오페라와 뮤지컬을 구분 짓는 가장 큰 차이점이다. 그러므로 연기, 노래, 춤이 뮤지컬의 3요소이다. 뮤지컬의 노래는 연기와 대사를 대신하는 강력한 표현 수단이다. 인물 해설, 이야기 전개 따위가 노래 한 곡으로 해결된다.

뮤지컬의 본질이 연극이기는 하지만 드라마 구조는 연극보다 약하고 음악과 춤이 많은 부분을 차지한다. 뮤지컬의 춤은 무대에 생동감을 더하며, 거대하고 화려한 무대장치와 의상은 관객의 눈을 사로잡는다. 그러므로 뮤지컬의 구조는 연극과는 비교할 수 없을 정도로 복잡하다. 드라마, 음악, 춤을 긴밀하게 짜 맞추어야 하며, 무대장치도 거대하고 화려하다.

---

* 오케스트라가 연주하는 장소. 보통 객석의 첫 줄과 무대 사이에 설치하는데, 관객의 시선을 방해하지 않도록 객석 바닥보다 낮지만 지휘자가 무대를 볼 수 있을 정도로 높게 만들어야 한다. 필요 없을 때는 피트의 바닥 전체를 들어 올려 객석으로 쓰기도 한다.

한마디로 엄청난 돈과 인력이 필요하다.

　뮤지컬은 여러 가지 형식이 있지만 아무리 규모가 작은 뮤지컬이라고 하더라도 작품 하나를 만들기 위해서는 작가, 연출가, 안무가, 배우, 가수, 작곡가, 작사가, 무용가는 물론 음향, 조명, 의상, 소품, 미술, 무대 따위 여러 분야의 디자이너들이 공동으로 작업하지 않으면 안 된다. 미국에서 뮤지컬을 쇼(show)라고 하는 것도 여러 공연예술 장르에 걸쳐 볼거리가 많다는 뜻에서 비롯된 것이다.

　'인생은 연극'이라는 말이 있다. 그러나 연극에 종사하는 사람들은 안다. '연극이 인생'이라는 것을. 넓게 보아 연극의 한 종류라고 볼 수 있는 뮤지컬도 마찬가지이다. 인생이 뮤지컬이고 뮤지컬이 바로 인생이다. 왜냐하면 우리 인생을 그대로 나타낸 것이 뮤지컬이고, 뮤지컬 속 배우들의 모습이 바로 우리 인생, 인간 군상의 모습이기 때문이다.

■ 뮤지컬은 프레젠테이션 극이다

　우리말로 옮기기 까다롭지만 연극은 사실성에 대한 관객의 관점과 연기자의 의도에 따라 리프레젠테이션 극(representational theatre)과 프레젠테이션 극(presentational theatre)으로 나눌 수 있다. 프레젠테이션 극은 리프레젠테이션 극에 상대되는 연극이다.

　리프레젠테이션 극에서 관객은 무대를 사실로 받아들인다. 연기 또한 지금 벌어지고 있는 현실이다. 따라서 극 자체에 몰입하면서 즐기고 배우고 느끼고 감동한다. 관객은 배우의 연기에 반응하기도 하지만 수동적인 태도에 그친다. 서양식 정통 무대 연극이 이런 양식이다. 이에 비해 프레젠테이션 극은 무대장치가 거칠거나 현실과 동떨어져 있기도 하다. 배우도 의상, 소품, 위치, 목소리를 바꾸면서 여러 인물을 오간다. 관객은 무대 위의 광경을 현실로 인식하고 몰입하는 수동적인 태도에서 벗어나 배우가 연기하는 사실성에 열렬히 반응하고 행동한다.

뮤지컬은 대본에 따라 진행하지만 배우와 관객 사이에 주고받는 마음과 느낌이라는 변수가 있다. 배우와 관객은 함께 숨 쉬며 서로 영향을 주고받는다. 배우는 극중 상대보다는 관객을 향해 설명하고 노래하고 연기한다. 관객이 여기에 박수와 환호로 답하는 것도 프레젠테이션 극의 특징 가운데 하나이다.

■ 뮤지컬은 대중극(popular theatre)이다

뮤지컬은 귀족 문화인 오페라에 대한 반동으로 나타난 시민계급의 문화이다. 뮤지컬은 오락을 추구하는 데에서 시작되었기 때문에 지성을 자극하기보다는 감성에 호소한다. 오페라에 비해 가볍고 자유로우며 보고 듣고 즐길거리가 넉넉한 '쇼'의 성격도 강하다. 그러므로 뮤지컬은 대중의 눈높이에 맞춘 다양한 즐거움을 넉넉하게 배치하며, 결코 현학과 지적 허영심을 만족시키려 해서는 안 된다.

콘셉트 뮤지컬은 이런 전통과 조금 거리를 두기는 한다. 그러나 그것 역시 적절한 유머와 재미를 배제하는 것은 아니며, 오히려 사회문제와 관련된 진지한 주제를 무대를 통해 깊이 생각하게 하는 '지적 오락'을 추구한다고 할 수 있을 것이다

뮤지컬이 띠고 있는 이런 대중성은 곧바로 상업성과 연결된다. 그러나 이 상업성도 라스베이거스 쇼와 같은 천박한 향락을 무기로 삼지는 않는다. 시민계급의 기독교 윤리가 있기 때문이다.

■뮤지컬은 낭만주의 연극이다

뮤지컬은 사실보다는 환상이 지배하는 장르이다. 사실을 그대로 그리기보다는 이상을 그리며, 환상에 가까운 화려함과 낙천성을 지니고 있다. 날카로운 대립이나 배신, 슬픈 죽음과 이별, 피비린내 나는 전쟁마저도 노래나 춤으로 그려 낸다. 그러므로 뮤지컬은 사실주의 연극(realism theatre)이 아니라 낭만주의 연극(romanticism theatre)이라고 할 수 있다. 정형보다는 파격을 추구하며 이성보다는 감성에 호소한다.

■뮤지컬은 특별한 관례가 있는 음악극이다

뮤지컬은 특별한 관례(convention)에 따라 펼쳐진다. 감정 대립, 결투, 전쟁이 벌어지는 장면에서도 노래를 부르며 춤으로 그것을 나타내기도 한다. 연극이나 영화라면 도저히 납득할 수 없는 일이지만 뮤지컬 관객은 이야기를 이해하고 극의 흐름 속에서 다음 이야기와 노래를 기다린다. 작가, 연기자, 관객 사이에 미리 정해 놓은 약속이 있으며, 그 약속은 뮤지컬의 관례이기 때문이다.

주요 배역이 아닌 앙상블(ensemble) 배우들은 여러 배역을 오가며 연기하기도 한다. 연극에도 1인 2역이 간혹 있지만 늘 그런 것은 아니며, 영화에서도 특별한 경우가 아니면 없는 일이다. 그러나 관객들은 배우 한 사람이 다른 배역을 연기해도 그것을 자연스럽게 받아들인다. 의상, 소품, 분장이 바뀌면 배역도 바뀐다는 약속이 있기 때문이다.

4. 브로드웨이 뮤지컬과 웨스트엔드 뮤지컬

미국 뉴욕의 브로드웨이(Broadway)와 영국 런던의 웨스트엔드(West End)는 모두 오랜 역사를 자랑하는 극장이 밀집한 지역으로 수준 높은 뮤지컬이 상연되는 곳의 대명사이기도 하다. 서로 뮤지컬의 종주국임을 자부하는 미국과 영국이 세계 뮤지컬계를 양분하고 있다고 보아도 큰 무리는 없다.

뮤지컬이 대중 장르로서 제대로 발전한 곳이 브로드웨이라고 한다면, 뮤지컬이라는 양식이 태동한 곳은 웨스트엔드라고 할 수 있다. 본디 뮤지컬은 19세기 말 영국에서 싹 터 미국으로 전해지면서 오늘날과 같은 공연 양식으로 발전했기 때문이다.

따라서 미국과 영국의 뮤지컬은 그 결이 조금 다르다. 미국 뮤지컬은 대개 상업적·대중적이고, 시각적 화려함 따위를 중시하며, 즐겁고 행복한 이야기와 낙관적인 전망으로 끝을 낸다. 반면 영국 뮤지컬은 쇼가 중심이 되기보다는 좀 더 예스런 주제와 깊이 있고 진지한 내용을 바탕으로 한다. 배우들의 뛰어난 가창력과 연기력은 물론이고, 거대하고 화려한 무대미술과 생생하고 현장감 넘치는 음악, 그리고 기획사의 뛰어난 능력에 힘입은 예술성 높은 작품이 주로 상연된다는 차이가 있다. 뮤지컬 빅 4*는 모두 런던 웨스트엔드에서 먼저 만들어진 후 뉴욕 브로드웨이로 옮겨졌다.

....

* 흔히 세계 4대 뮤지컬이라고 하는 「오페라의 유령」, 「레 미제라블」, 「캣츠」, 「미스 사이공」을 가리키는 말이다.

브로드웨이

뉴욕 월 가(Wall Street)는 브로드웨이 극장가가 형성되기 이전부터 미국 공연 산업의 핵심 지역이었다. 영국이 뉴암스테르담을 접수하여 도시 이름을 뉴욕으로 바꾼 후인 1732년, 상업 극장으로는 처음으로 나소 극장(Theatre on Nassau)이 문을 열었으며, 1767년에는 영국 셰익스피어 극단이 공연한 존 게이(John Gay)의 「거지 오페라The Begger's Opera」를 비롯한 흥행작들이 연이어 상연된 존스트리트 극장(John Street Theatre)이 개관했다. 또한 1798년에는 파크 극장(Park Theatre)이 개관했는데, 이 극장은 처음으로 오늘날과 같은 오케스트라 피트, 박스석 따위를 갖춘 대형 극장이었다.

한편 1866년 「검은 악당The Black Crook」을 공연하기로 한 뉴욕음악아카데미(New York Academy of Music)에 불이 나 급히 브로드웨이의 니블로스가든(Niblo's Garden)으로 극장이 변경되었는데, 이 공연이 크게 성공하면서 공연용 극장들이 잇달아 들어서게 되었다. 특히 1920년대 전후를 기점으로 현재의 위치인 타임스퀘어 42번가 부근에 여러 극장들이 세워지면서 브로드웨이 극장가가 형성되었다.

오프-브로드웨이와 오프-오프-브로드웨이

브로드웨이는 1,000석 안팎의 대극장이 밀집한 곳인 반면에 오프-브로드웨이(off-broadway)는 500석 미만의 중극장 또는 거기에서 벌어지는 공연을 말한다. 제작비가 브로드웨이의 1/10 정도인 작품이 공연된다. 브로드웨이에 있어도 극장이 작으면 오프-브로드웨이라고 한다. 브로드웨이 공연은 뮤지컬이 많은 반면, 오프-브로드웨이는 1인극, 댄스, 뮤지컬 등 다양한 작품이 상연된다.

더 작은 극장에서 공연되는 것은 오프-오프-브로드웨이(off-off-broadway)라고 부르는데, 100석 미만인 소극장 또는 소극장 공연을 가리킨다. 저예산 실험극 중심이다. 영국에서는 저예산 실험극이 공연되는 극장을 프린지(fringe) 극장이라고 한다.

주요 뮤지컬 시상식

미국

- 토니상(Tony Awards)

  브로드웨이의 전설과도 같은 여배우 앙투아네트 페리
  (Antoinette Perry, 애칭 Tony)의 업적을 기려 1947년
  제정된 상으로 뮤지컬의 아카데미상이라고 불린다. 매
  년 5월 말에서 6월 초 사이에 브로드웨이 연극과 뮤지
  컬 부문으로 나누어 시상한다.

- 오비상(Obie Awards)

  오프-브로드웨이 연극상(Off-Broadway Theater
  Awards)이라고도 한다. 오프-브로드웨이와 오프-오
  프-브로드웨이의 연극과 뮤지컬을 대상으로 뉴욕 문화
  주간지인 『빌리지 보이스*The Village Voice*』가 시상한다.

앙투아네트 페리

영국

- 로렌스 올리비에상(Laurence Olivier Awards)

  웨스트엔드 연극상 협회(Society of West End Theatre
  Awards)가 주관하여 1976년 '웨스트엔드 연극상'이라
  는 이름으로 시작했으나, 1984년 로렌스 올리비에의 이
  름을 써서 상의 이름을 확정했다. 웨스트엔드의 뮤지
  컬, 오페라, 연극을 대상으로 시상하는데, 관객이 심사
  위원으로 참여하는 것이 특징이다.

로렌스 올리비에

한국

- 한국 뮤지컬 대상(Korea Musical Awards)

  스포츠조선이 주최하며, 1995년에 시작되었다.

- 더 뮤지컬 어워즈(The Musical Awards)

  중앙일보, JTBC, 사단법인 한국뮤지컬협회가 공동으로 주최하며, 2007년에 시작
  되었다.

5. 뮤지컬의 씨앗

어느 날 갑자기 세상에 나타나는 것은 없다. 우리가 일일이 알아차리지는 못하지만 뿌린 씨앗이 자라고 열매 맺어 밥상에 오르기까지는 수많은 사람들의 굳센 의지와 흘린 땀이 있을 것이다. 마찬가지로 뮤지컬도 예술 발전, 기술 진보, 역사 발전, 사회 변동 속에서 수많은 사람들이 땀 흘리며 만든 결과이다.

■ 뮤지컬 이전의 공연물

18세기는 산업혁명, 미국독립전쟁, 프랑스혁명 따위가 일어난 격변기였다. 역사가 발전하고 사회가 변하는 가운데 시민계급이 성장했고, 그들은 오페라와 같은 귀족의 여흥이 아니라 대중의 입맛에 맞는 소리와 호소력을 갖춘 새 오락거리를 찾고 있었다.

독일에서 징슈필(singspiel)이 잇달아 작곡된 것, 대중을 위한 오페라가 값싸게 제작되어 상업 공연이 시작된 것, 이탈리아에서 오페라부파(opera buffa), 프랑스에서 오페라코미크(opera comique)와 오페레타가 나타난 것 따위가 그러한 움직임에 따른 것이다.

□ 오페라

오페라는 르네상스의 산물이다. 르네상스 시대, 이탈리아 피렌체의 바르디(Giovanni de' Bardi, 1534~1612) 백작의 살롱에 모여든 인문주의 지식인들이 카메라타 디 바르디(Camerata de' Bardi, 1573~1587)를 창립했다. 이들은 절제된 표현 방식으로 고대 그리스
의 비극을 되살리려 했고, 그 결과 드라
마페르무지카(dramma per musica)라는 형
식이 창조되었다. '음악을 위한 연극' 정
도로 번역되는 이 장르가 나중에 오페라
인무지카(opera in musica)가 되고, 다시
오페라로 줄여 부르게 되었다.

몬테베르디

일반적으로 오페라의 첫 작품이라고
보는 것은 야코포 페리(Jacopo Peri, 1561~1633)의 「다프네*Dafne*」(1597년경)
이지만 현재 전하지 않는다. 페리가 그 뒤에 만든 작품인 「에우리디케
Eurydice」(1600년경)가 현재까지 전하는 가장 오래된 작품이기는 하나 현
대 오페라와는 거리가 멀다. 현재 정식으로 상연되는 초기 오페라의 대표
작은 클라우디오 몬테베르디(Claudio Monteverdi, 1567~1643)의 「오르페오
L'Orfeo」(1607)이다.

▫ 영국 가면극(masque)

연극과 같은 줄거리에 가면을 활용한 연기, 음악, 무용, 시 낭송 따위가
결합된 무대예술이다. 영국에도 이미 가면극이 있었지만 16~17세기의
영국 가면극은 왕 앞에서 공연하는 우아한 연희 양식이었다. 이탈리아와
프랑스의 궁정 가면극이 16세기 튜더 왕조(The Tudor Dynasty) 때 영국으
로 건너가 발전한 것이다.

가면극은 17세기 스튜어트 왕조(The Stuart Dynasty) 시대에 절정에 이른
다. 막대한 제작비를 들여 화려한 의상을 제작했으며, 무대 역시 화려하

고 웅장했다. 막간에는 우아한 가면극과 대조되는 기괴한 광대놀이가 공연되기도 했는데, 궁정시인 벤 존슨(Ben Jonson, 1572~1637)이 만든 것이라고 한다. 이 막간 광대놀이는 오페라나 연극의 막간 공연물이 되기도 했지만, 존슨이 은퇴한 뒤에는 가치를 잃고 눈요깃거리 정도가 되어 연극 역사의 뒤안길로 사라졌다.

□ 징슈필

징슈필은 'sing+spiel', 곧 'song+play(노래로 된 연극)'를 말하는데, 오늘날에는 오페라의 한 장르로 친다. 18세기 영국의 발라드오페라(ballad op-era) 「악마의 복수*The Devil to Pay*」가 독일에서 상연되면서 발달했다.

당시의 징슈필은 독일어로 공연되기는 했으나, 영국 발라드 오페라의 그늘을 벗어나지는 못했다. 이를 독일 사람들의 구미에 맞게 고친 사람이 작곡가이자 지휘자인 요한 힐러(Johann Adam Hiller, 1728~1804)이다. 그 뒤 프랑스의 오페라코미크가 수입되어 독일어로 상연된 데 자극을 받아 징슈필도 널리 퍼지게 되었다고 한다.

한편 일부 작곡가와 청중은 이탈리아식 오페라세리아에 반발했다. 그 결과 18세기 말에는 징슈필이 큰 인기를 끌었는데, 모차르트도 「마술 피리*Die Zauberflore*」와 같은 징슈필 명작을 남겼다.

징슈필은 이탈리아 오페라의 레치타티보 대신 관객을 웃기는 과장된 연기와 구어체 대사를 썼고, 대중가요, 발라드, 민요풍의 아리아 따위를 끼워 넣었으며, 오페라 극장보다는 순회 극단이 주로 공연했다. 대중적인 오락이었기 때문이었다.

□ 코메디아델라르테(commedia dell'arte)

16~18세기에 이탈리아 나폴리에서 유행한 민중 희극이다. 사랑, 질투, 간통 등 짧은 에피소드를 중심으로 어느 정도 불경스럽기까지 한 시사 풍자를 곁들였다. 이는 서양 희극의 중요한 요소가 되어 17세기 프랑스의 대표 극작가인 몰리에르(Molière, 1622~1673)를 비롯한 작가와 연기자에게 영향을 미쳤다.

코메디아델라르테는 기술(arte)을 가진 사람들이 연기하는 희극(com-media)이란 뜻이다. 이 기술이란 장면을 설정하고 긴 대사를 암기하며 말장난에 능하고 곡예에 가까운 몸짓을 보여 주는 것 따위를 말하는데, 오랜 경험을 거쳐 연마하고 습득하는 것이었다. 이는 연기를 직업으로 삼는 전문인이 등장하게 된 것을 뜻한다. 프로시니엄 무대(proscenium stage)가

무대 유형

사진 액자 모양인 프로시니엄 무대(proscenium stage), 원형인 아레나 무대(arena stage), 관객 속으로 돌출되어 3면이 관객에게 둘러싸인 돌출 무대(thrust stage, platform stage) 따위가 있다.
아레나 무대는 흔히 원형 무대라고 하지만 반드시 원형인 것은 아니고 객석이 무대를 빙 둘러 배치된 무대이다.

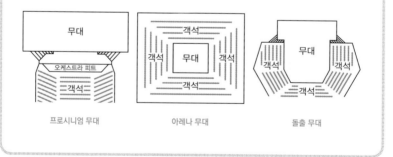

프로시니엄 무대   아레나 무대   돌출 무대

사용되어 연기 공간과 관람석이 분리된 것도 직업 연극인이 등장한 것과 관계 깊다.

코메디아델라르테는 소품은 거의 쓰지 않고 오랜 수련에서 나오는 배우의 즉흥 연기가 중요하기 때문에 코메디아 임프로비자(commedia improvvisa, 즉흥희극)라 불리기도 했다. 따라서 이 연극에는 정리된 희곡이 없다. 희곡 구실을 하는 카노바치오(canovaccio)가 있었지만 이는 막과 장을 구분한 것에 지나지 않으며, 대사나 세부 사항은 모두 다 배우의 창의성과 즉흥 연기에 달려 있었다.

□ 팬터마임(pantomime)

슬랩스틱을 들고 있는 할리퀸

'팬터마임'은 본디 코메디아델라르테에서 빌려 온 주연 광대인 할리퀸(Harlequin)의 마임(mime)*을 지칭하던 단어인데, 몸짓과 표정만으로 연기하는 무언극을 말한다. 때로는 음악에 맞추어 춤을 추기도 한다. 그 기원은 그리스-로마 시대의 고전 연극까지 거슬러 올라가며, 이탈리아의 코메디아델라르테나 유럽과 영국의 가면극도 팬터마임 발전에 영향을 미쳤다.

영국의 팬터마임은 18세기 초의 무언 단막 희극에서 비롯되었다. 코메디아델라르테처럼 음악과 춤이 따르는데, 빅토리아 여왕 시대에는 동화

---

* 대사 없이 몸짓과 표정만으로 연기하는 연극 장르로, '흉내'를 뜻하는 그리스어 미모스(mimos)에서 비롯되었다.

에 바탕을 둔 공연으로 바뀌었으며, 막간에 마술과 곡예를 넣어 가족극으로 사랑받게 되었다. 19세기 중반 이후로 팬터마임은 크리스마스 때에만 공연하게 되었고, 희극적 분위기를 살리기 위해 젊은 여배우가 남자 역, 남자 배우가 늙은 여자 역을 맡는 것이 관례가 되었다.

> **전통 팬터마임의 배역**
>
> - 할리퀸(Harlequin) : 주인공
> - 컬럼바인(Columbine) : 여주인공
> - 팬털룬(Pantaloon) : 컬럼바인의 아버지
> - 클라운(Clown) : 장난끼 많은 광대
> - 피에로(Pierrot) : 머슴

□ 오페레타

• 이탈리아

18세기 전반에 오페라부파라는 장르가 나폴리에서 나타나 이탈리아 전역으로 퍼져 나갔다. 이것은 오페라에 대사를 넣은 것으로 대화와 가벼운 음악으로 짜여 있었고, 오페라보다 가볍고 재미있는 요소가 많았다. 당시 유럽에서 유행하던 오페라세리아는 왕과 귀족들이 즐기는 것이었다. 소재는 신, 고대의 영웅 따위였고, 이야기는 무겁고 진지했으며, 코미디 요소는 거

로시니

의 없었다.

그러나 새로 나타난 오페라부파는 달랐다. 등장인물이나 플롯이 당대를 묘사하고 있었고, 코미디 요소가 많았다. 중요한 것은 시민계급을 위해 만들었고, 시민계급의 문제를 그렸다는 점이다. 이런 오페라부파의 전통은 19세기 초 로시니(Gioacchino Antonio Rossini, 1792~1868)와 도니체티(Domenico Gaetano Maria Donizetti, 1797~1848) 등에게 이어졌다.

도니체티

• 프랑스

이탈리아의 도니체티가 작곡한 오페라부파 「연대의 아가씨*La fille du régiment*」(1840)가 파리를 떠들썩하게 만들었다. 이미 대중을 위한 음악극인 오페라코미크가 널리 공연되고 있던 프랑스에서는 이탈리아에서 도입된 오페라부파를 오페라부프(opera bouffe)라 불렀고, 이어 프랑스식 오페레타가 나타났다.

프랑스 오페레타의 창시자 자크 오펜바흐(Jacques Offenbach, 1819~1880)는 오페라에서 뮤지컬로 이행하는 데 매우 중요한 구실을 한 인물이다. 쾰른 출신 유대인인 그는 오페라부프 작곡가로 일하다가 1855년 몽시니 거리(Rue de Monsigny)에 있는 극장을 임대하여 부프파리지앵(Bouffes Parisiens)이라는 소

자크 오펜바흐

극장을 설립한다. 그의 극장은 매우 작아서, 50명 넘게는 들어갈 수가 없었다. 더구나 당시 프랑스의 공연법에는 무대에서 대사를 읊는 배우가 세 명을 넘어서는 안 되며, 대사만 아니라면 몇 명이 나와도 괜찮다는 황당한 규정이 있었다. 바로 이런 현실과 법률의 제약 때문에 대사를 줄이고 음악과 노래의 비중을 늘리게 된 것이다.

그의 첫 작품인 1막짜리 「두 장님*Les Deux Aveugles*」(1855)은 그야말로 엄청난 인기를 끌었고, 뒤를 이어 3막짜리 「지옥의 오르페우스*Orphée aux Enfers*」(1858)*를 무대에 올렸다. 글루크(Christoph Willibald Gluck)의 오페라 「오르페우스와 에우리디케*Orphée et Eurydice*」를 패러디한 이 작품은 정치 풍자, 대중의 입맛에 맞는 대사, 경쾌한 캉캉 춤 따위를 포함하여 지금 보아도 획기적이다. 그 뒤 그가 만든 새 형식을 가리켜 '작은 오페라'라는 뜻인 오페레타라고 부르게 되었다.

• 빈

오스트리아 티롤 지방에 렌들러(Ländler, 3/4박자)라는 전통 춤곡이 있다. 춥고 긴 겨울을 보내야 하는 산악 지방에서 생겨난 춤이기 때문에 그리 우아한 춤은 아니지만, 요제프 라너(Joseph Lanner, 1801~1843)가 상류층 취향에 맞게 다듬어 오늘날의 춤곡인 왈츠가 되었다.

빈 오페레타는 「경기병*Leichte Kavallerie*」과 「시인과 농부*Dichter und Bauer*」로 알려진 프란츠 폰 주페(Franze von Suppe, 1819~1895)가 자크 오펜

---

* 이 작품을 프랑스 것이라고 할 수 있는 근거는 파리에서 공연했다는 것과 프랑스어로 대본을 썼다는 것밖에 없다. 「마이 페어 레이디」의 대본을 쓴 앨런 제이 러너(Alan Jay Lerner, 1918~1986)에 따르면 오펜바흐의 음악에 영향을 끼친 사람은 오스트리아의 모차르트, 이탈리아의 로시니와 도니체티였다. 캉캉(Can-Can)도 본디 프랑스 식민지였던 북아프리카의 것이었다고 한다.

바흐의 작품에서 자극을 받아 쓴 「기숙학교 Das Pensionat」(1860)에서 시작되었지만, 빈 오페레타를 갈고 닦은 이는 우리가 잘 알고 있는 '왈츠의 왕' 요한 슈트라우스 2세(Johann Strauss II, 1825~1899)이다.

요한 슈트라우스 2세가 자크 오펜바흐의 권유를 받아 오페레타 작업에 참여했다는 이야기도 있으나, 둘 사이의 경쟁 관계로 볼 때 권유라기보다는 오히려 자극을 받은 것으로 보인다. 어찌 되었든 요한 슈트라우스 2세의 「박쥐Die Fledermaus」(1874)*는 빈 오페레타의 최고 명작으로 꼽히며, 지금도 많은 사랑을 받는 작품이다.

요한 슈트라우스 2세(↑)
프란츠 레하르(↓)

요한 슈트라우스 2세의 뒤를 이어 빈 오페레타 발전에 기여한 이는 「즐거운 과부Die Lustige Witwew」(1905)를 만든 프란츠 레하르(Franz Lehar, 1870~1948)이다. 빅토르 레온(Viktor Léon, 1858~1940)과 레오 슈타인(Leo Stein 1861~1921)이 대본을 쓴 「즐거운 과부」는 자크 오펜바흐가 썼던 캉캉을 도입하고, 풍자 요소를 더해 빈 오페레타에 새 기운을 불어넣은 작품이다.

---

* 요한 슈트라우스 2세가 작곡한 3막짜리 오페레타이다. 앙리 메이야크(Henri Meilhac, 1831~1897)의 프랑스 코미디 「한밤의 축제Le réveillon」(1872)를 오페레타로 고친 것으로, 19세기 음악과 환락의 도시 빈의 상류사회를 풍자하였다. 카를 하프너(Karl Haffner, 1804~1876)와 리하르트 게네(Franz Friedrich Richard Genée, 1823~1895)가 독일어 대본을 썼다. 1874년 빈 강변 극장(Theater an der Wien)에서 초연되었다.

■ 뮤지컬의 태동

□ 영국

　오페라의 전통이 없는 영국에서는 발라드오페라나 영국식 보드빌(vaudeville)*이 인기를 끌었고, 오페라는 민중 연희의 패러디 대상일 뿐이었다. 현실과 동떨어진 고대 신화의 영웅담, 정적인 연기, 상투적인 인물 설정 때문이었다. 그러나 이민족의 지배를 받으면서 받아들인 풍부한 어휘와 깊은 문학 전통에 힘입어 점차 발랄한 유머 감각을 지닌 영국식 오페레타가 성립되어 발전하게 된다.

• 발라드오페라

　지금은 '연가(戀歌)'라는 뜻으로 통용되는 '발라드'는 프랑스 샹송에서 비롯된 말로, 음악에 실어서 읊는 운문을 가리킨다. 중세 이래 영국에서는 대중적인 시나 노래를 가리키기도 했다. 당연히 발라드오페라는 민속적인 요소가 많았으며, 잘 알려진 노래와 대사를 엮어 세태를 풍자하는 공연물로 발전

존 게이

했는데, 흔히 장터나 변두리에서 유랑 극단이 공연했다.

　발라드오페라의 초석이 된 작품은 존 게이(John Gay, 1685~1732)와 요한 크리스토프 페푸슈(Johann Christoph Pepusch, 1667~1752)가 쓴 「거지 오페

---

*　익살과 억지웃음을 자아내는 노래를 엮은 공연물인데, 지방 사투리로 공연한다.

「거지 오페라」

라」(1728)이다. 현실과 동떨어진 고대 신화의 영웅담에서 벗어나 일상에서 볼 수 있는 범죄자, 매춘부, 거지 따위의 인물을 등장시켜 현실성을 높였다. 또한 게오르크 프레드리히 헨델(George Friedrich Händel, 1685~1759)이나 헨리 퍼셀(Henry Purcell, 1659~1695)의 작품에서부터 거리의 발라드에 이르기까지 다양한 노래의 노랫말을 변형하여 당시 유행하던 오페라 세리아를 통렬히 풍자했다.

레치타티보는 등장인물 사이의 대화로 바뀌고, 춤에도 번호를 붙인 이 작품은 권력층의 행태를 범죄 집단의 탐욕과 배신에 빗대 풍자하여 큰 인기를 얻었으며, 노래 몇 곡은 식민지 미국에도 퍼져 나갔다고 한다.

후에 이 작품은 베르톨트 브레히트(Bertolt Brecht, 1898~1956)와 쿠르트 바일(Kurt Weil, 1900~1950)의 「서푼짜리 오페라Die Dreigroschenoper」(1928)

로 번안, 각색되기도 했다.

• 오페레타

윌리엄 길버트(William Schwenck Gilbert, 1836~1911)와 아서 설리번(Arthur Seymour Sullivan, 1842~1900)은 오늘날 영국 뮤지컬의 기틀을 다진 사람들로 꼽히고 있다. 넘치는 풍자와 높은 대중성, 그리고 뜻깊은 주제와 잘 다듬은 가사로 된 쉬운 음악을 써서 생동감 있는 인물을 그려 냈을 뿐만 아니라 모국어인 영어를 사용했다는 점에서 그러하다.

윌리엄 길버트(↑)
아서 설리번(↓)

특히 길버트는 언어를 음악적인 형태로 구사할 뿐만 아니라 작곡가들에게 익살스러운 오페라를 만들 수 있는 영감을 주었다고 한다. 길버트의 작사법은 P.G. 우드하우스(Pelham Grenville Wodehouse, 1881~1975), 로렌즈 하트(Lorenz Hart, 1895~1943), 콜 포터

(Cole Porter, 1891~1964), 아이라 거슈윈(Ira Gershwin, 1896~1983), 오스카 해머스타인 2세(Oscar Hammerstein II, 1895~1960) 등에게 큰 영향을 미쳤다.

길버트와 설리번의 첫 작품인 「테스피스*Thespis*」(1871)는 실패했지만, 제작자 리처드 도일리 카트(Richard D'Oyly Carte, 1844~1901)의 도움으로 「배심원 재판*Trial by Jury*」(1875)을 만들었다. 이는 길버트의 변호사 경험을 살려 쓴 것으로 대성공을 거두었고, 이어 만든 「미카도*The Mikado*」(1885)

도 성공했다.

• 뮤지컬 파스(musical farce)

19세기 말 영국은 세계 최강이었다. 온 누리의 부호, 상인, 기업가들이 영국으로 몰려들었고, 당연히 이들을 위한 오락물이 필요했다. 이에 따라 급조된 것이 뮤지컬 파스이다.

제멋대로 붙인 애매한 제목, 희극성 높은 노래와 춤, 희극 오페라 무대의 인기 연주자와 매력 있는 여인들이 주역으로 등장한다. 광대 짓, 잇달아 터지는 실수, 슬랩스틱* 따위로 불러일으키는 웃음과 해피엔딩이 특징이다.

극장 매니저인 조지 에드워즈가 제작하여 황태자 극장(Prince of Wales Theatre)에서 상연한 「거리에서*In Town*」(1892)가 시초이다.

□ 미국

종교의 자유를 찾아 또는 신세계에서 한몫 잡으려는 사람들이 유럽에서 이주해 개척한 미국의 문화 토양은 유럽에 비해 척박할 수밖에 없었다. 따라서 초기에는 유럽에서 수입한 오페레타의 영향을 많이 받았다.

1735년 미국 사우스캐롤라이나 찰스턴에서 「플로라*Flora*」라는 발라드 오페라를 상연한 기록이 있어, 이를 미국에서 최초로 제작한 무대 공연용 음악극으로 보기도 하지만, 1750년 영국의 「거지 오페라」가 상연된 뒤 오

---

* 슬랩스틱은 서로 부딪히는 나무 두 조각을 겹쳐 놓은 막대기로, 이것을 사용하여 사람을 때리면 찰싹하고 울리는 소리가 난다. 코메디아델라르테에 등장하는 할리퀸이 자신을 괴롭히는 상대의 엉덩이를 때리는 데 사용했다. 소란스럽고 동작이 과장된 코미디를 슬랩스틱코미디라고 하는데, 여기에서 비롯된 말이다.

래지 않아 발라드오페라는 자취를 감춘다.

19세기 초에 시작된 민스트럴쇼(minstrel show), 거기서 파생한 보드빌, 벌레스크 따위 미국식 쇼가 발전하고 여기에 유럽에서 수입된 코믹오페라, 오페레타 등이 혼합되면서 가볍고 재미있는 뮤지컬코미디 스타일이 만들어지고 미국식 오페레타가 제작되기 시작했다.

• 민스트럴쇼

1820년대에 이르러 그때까지 유행한 여러 오락물들은 아프리카적 요소와 래그타임(ragtime)을 수용하여 민스트럴쇼라는 악극으로 진화했는데, 이는 흑인들의 음악과 춤이 무대공연예술에 접목되어 미국 뮤지컬의 독립적 언어가 형성되기 시작했음을 보여 주는 것이다. 모든 출연자는 흑인으로 분장한 백인들이었고, 이들이 노예의 고달픈 삶을 춤과 노래로 보여 주는 형식이었다. 흑인은 게으르고 생각 없고 지저분하다고 얕잡아 보는 편견을 드러내는 것이었으나, 흑인 캐릭터가 무대에 등장했다는 사실만으로도 흑인에 대한 편견을 넘어 한 발 나아갔다고도 볼 수 있다.

1842년에 작곡가 대니얼 에멧(Daniel Decatur Emmett, 1815~1904)이 '버지니아 민스트럴(Virginia Minstrels)'이라는 민스트럴 악단을 처음으로 만들었다. 1843년 뉴욕에서 첫 공연을 열었는데, 사회자로서 공연을 이끄는 미스터 인터로큐터(Mr.Interlocutor)와 양 끝의 코너 멘(corner men)* 사이의 대화와 함께 노래, 연주, 케이크워크(cakewalk)**, 패러디 따위가 섞여 있는

---

* 민스트럴쇼에서 연기자들이 반원을 그리며 앉을 때 양 끝에 자리 잡는 연주자들로 엔드 멘(end men)이라고도 한다. 연주하는 악기 이름을 따서 탬버린을 연주하는 미스터 탬보(Mr.Tambo, Brother Tambo)와 캐스터네츠를 연주하는 미스터 본즈(Mr.Bones, Brother Bones)라고 부른다. 탬보는 마른 사람이, 본즈는 뚱뚱한 사람이 맡는 것이 관례였다.
** 케이크를 상품으로 내건 댄스파티에서 흑인이 추던 스텝 댄스(step dance)를 말한다.

형태였다.

민스트럴쇼에 들어간 노래 가
운데는 우리가 잘 알고 있는 스
티븐 포스터(Stephen Collins Fos-
ter, 1826~1864)의 〈켄터키 옛집
My Old Kentucky Home〉(1853), 〈오

케이크워크를 추고 있는 민스트럴쇼 배우들

수재너Oh! Susanna〉(1848), 〈스와니 강Old Folks at Home〉(1851)과 제임스 블
랜드(James Alan Bland, 1854~1911)의 〈내 고향으로 날 보내 주Carry Me back
to Old Virginy〉(1878) 따위가 있는데, 이 곡들은 흑인 음악의 요소를 받아들
인 것이다.

• 버라이어티쇼(variety show)

1840년대 뉴욕 다운타운의 홍키-통크(Honky-Tonk)*라는 싸구려 공연
장에서 상연된 엉성한 공연물이었는데, 말 그대로 무대에서 할 수 있는
모든 것을 보여 주는 쇼이다. 당시 미국은 인구가 크게 늘고 인종과 민족
이 복잡했으므로 엄격한 통제가 필요했다. 따라서 이런 공연장에는 으레
경찰이 배치되어 공연의 선정성이나 풍자 수위를 감시했다. 그런데 이런
규제가 도리어 창작자들의 창의성과 상상력을 자극했다고 하니 아이러
니하다. 규제를 피하면서도 온갖 상상을 불러일으킬 수 있는 형태로 춤과
연기가 나날이 발전했던 것이다.

....

* 음악을 연주하고 쇼를 보여 주던 싸구려 공연장을 말한다.

• 보드빌

지저분한 환경에서 공연하던 버라이어티쇼가 수준 높고 건전한 양식으로 진화한 것이 보드빌이다. 토니 패스터(Tony Pastor, 1837~1908)는 1861년에 보드빌 공연장을 열면서 술, 담배를 금하고 여성과 어린이 관객들을 배려하기 시작했다.

보드빌 쇼는 일관된 주제가 없다. 그러나 곡예와 마술 따위가 들어 있어 어린이를 포함한 가족 관객을 끌어들일 수 있었다. 이에 힘입어 보드빌은 중산층에게 가장 인기 있는 공연물이자 쇼 비즈니스의 중심이 되었다. 한 통계에 따르면 1880년대 초에서 1920년대 말까지 보드빌 무대에서 일하는 배우가 2만 5000명에 이르렀으며, 20세기에 들어서는 유명 연극배우와 코미디언들도 보드빌을 공연하기 시작했다.

「보드빌 리뷰」(1932) 장면

그러나 보드빌은 집집마다 라디오가 보급되고, 무성영화가 발전하기 시작한 1920년대 중반부터 눈에 띄게 쇠퇴하였다. 특히 1927년 발표된 유성영화(talkie) 「재즈 싱어*Jazz Singer*」[1]는 내리막길에 접어든 보드빌에 결정타를 날리게 된다. 더구나 영화와 달리 급조될 수밖에 없는 보드빌은 영화의 완결된 드라마 구조를 따라갈 수 없었다.

• 벌레스크

벌레스크(프랑스어 발음 뷔를레스크)는 익살, 야유, 희롱을 뜻하는 이탈리아어 불레스코(burlesco)에서 온 말로 1600년경 이탈리아에서 프랑스로 들어왔다.

벌레스크 쇼 포스터

본디 벌레스크는 유명 희곡을 패러디하여 고귀한 것과 비속한 것을 대조시킴으로써 웃음을 불러일으키고 풍자 효과를 얻으려는 장르였다. 미국에서는 저속한 희극, 외설, 합창곡, 선정성 짙은 춤, 정치 풍자 따위를 엮어 남성 관객만을 위한 저질 버라이어티쇼 또는 성인판 보드빌로 변했다.

1868년 리디아 톰프슨(Lydia Thompson, 1838~1908)이 이끈 벌레스크 공연단인 '브리티시 블론스(British Blondes)'가 브로드웨이 공연에 출연했을 때 엄청난 비난과 악평에 시달리기도 했지만, 아슬아슬한 옷차림으로 남성 관객들의 혼을 빼놓기도 했다. 이 장르는 오늘날 라스베이거스 대형 쇼나 스트립쇼로 진화했다.

• 엑스트라버갠저(extravaganza)

브로드웨이에서 열릴 예정이었던 「숲 속의 그대La Biche Au Bois」라는 프랑스 발레 공연이 극장에 불이 나는 바람에 무산되자, 이들을 초청한 헨리 재럿(Henry C. Jarrett, 1828~1903)과 해리 파머(Harry Palmer)는 계약을 어기느니 초청한 발레 댄서들을 다른 공연에라도 출연시키는 것이 좋겠다고 생각했다. 그래서 니블로스가든(Niblo's Garden)과 계약을 맺어 황급히 제작한 「검은 악당The Black Crook」(1866)에 그들을 출연시켰는데, 막대한 제작비를 들인 화려한(extravagant) 오락물이라는 뜻으로 'musical extravaganza'라는 선전 문구를 쓴 데서 붙여진 이름이다.

본디 「검은 악당」은 카를 베버(Carl Maria Friedrich Ernest von Weber, 1786~1826)의 「마탄의 사수Der Freischutz」(1821), 샤를 구노(Charles-François Gounod, 1818~1893)의 「파우스트Faust」(1859) 두 오페라를 합쳐 놓은 것인데, 프랑스 낭만주의 발레와 독일 멜로드라마를 결합한 양식이다. 현란한 음악, 화려한 의상, 수많은 엑스트라들이 동원되는 호화롭고 장대한 규모를 자랑했으며, 은색 소파가 하늘을 나는 당시로서는 획기적인 기술을 선보였다. 이 공연은 정돈된 이야기보다는 화려한 볼거리에 의존하는 미국

「검은 악당」 포스터

식 뮤지컬의 특색을 잘 보여 주었지만, 어설픈 구성 때문에 평론가들의 공격 대상이 되기도 했다. 그러나 엄청난 수익을 올리면서 흥행에

성공했고, 이후 막대한 제작비를 들인 웅장한 공연들이 잇달아 제작되었기 때문에 이 공연을 스펙터클 공연의 시초로 보기도 한다.

벌레스크보다 품위 있는 점잖은 성인극 또는 우아한 벌레스크라고 할 수 있는 이 작품은 현대 북 뮤지컬 형식을 따른 첫 번째 공연으로 치기도 한다. 그러나 이야기 짜임새가 엉성하고, 잡다한 오락거리를 짜깁기한 것에 지나지 않는다는 비판도 만만치 않다.

• 레뷰

원래 중세 프랑스의 거리장터에서 시작된 희극인데, 오늘날의 프랑스식 레뷰는 파리의 포르트생마르탱 극장(Théâtre de la Porte Saint-Martin)에서 「폴리 마리니*Folies Marigny*」(1872)가 공연되면서 발전하기 시작했다.

영국의 궁정 극장에서는 구경거리 중심의 레뷰가 발전했고, 민간 극장에서 발전한 레뷰는 관객에게 좀 더 친근한 문제를 다루었으며 재치 있는 대사와 시사성을 강조했다.

미국식 레뷰는 19세기 말에서 20세기 초에 유행한 보드빌, 엑스트라버갠저, 벌레스크 따위를 혼합하고, 여러 에피소드를 하나의 주제로 묶어 놓은 것이었다. 플롯 없이 노래, 춤, 코미디, 연기가 나열되며 시사 풍자가 주된 소재였다. 극을 꿰는 줄거리가 없다는 점에서 오늘날의 뮤지컬은 아니지만 주제가 있다는 점에서 보드빌도 아니다. 「패싱 쇼*The Passing Show*」(1894)*를 미국식 레뷰의 시작으로 보는데, 여기에 자극받은 제작

---

* 시드니 로젠펠드(Sydney Rosenfeld, 1855~1931)가 대본과 노랫말을 썼고 '주제가 있는 엑스트라버갠저(topical extravaganza)'라는 문구가 붙은 3막짜리 작품이다. 브로드웨이 카지노 극장(Casino Theatre)에서 처음 공연되었다.

자 플로렌즈 지그펠드(Flo-
erenz Ziegfeld, 1867~1932)가
파리의「폴리-베르제르 쇼
Folies-Bergere Show」를 들여
와「지그펠드 폴리스Zieg-
feld Follies」(1907)를 상연했
다. 사실 미국식 레뷰는 지

레뷰 포스터

그펠드를 빼고는 이야기할 수 없다.

레뷰는 오페레타의 인기가 식으면서 1910년대와 1920년대 공연 무대를
뒤덮었지만, 대공황과 새로 나타난 대중매체에 밀려 1940년대에는 거의
사라졌다.

「퍼니 걸Funny Girl」(1964)

폴리스 시리즈의 전설적 스타인 패니 브라이스(Fanny Brice, 1891~1951)의 이야기
를 다룬 뮤지컬이다. 바브라 스트라이샌드(Barbra Streisand, 1942~)가 주연을 맡아
스타덤에 올랐다.

• 오페레타

브로드웨이에서 고급 취향 관객을 대상으로 상연하던 것은 유럽에서
수입한 오페레타였으나, 빅터 허버트(Victor August Herbert, 1859~1924)가
오페레타「아나니어스 왕자Prince Ananias」(1894)를 작곡, 상연하면서 노래
에 기초를 둔 연극 전통이 확립되었다. 이는 이후 뮤지컬코미디의 중요한
원천이 되었다.

스토리빌

뉴올리언스는 본디 프랑스가 개척한 군항(軍港)이었고, 군인을 상대로 한 매춘 업소들이 곳곳에 있었다. 시민들이 이를 항의하고 나서자, 1897년 부시장 시드니 스토리(Sidney Story)가 제안한 법률에 따라 매춘 지역을 제한하면서 형성

스토리빌 전경(1906)

된 지역이다. 제안자의 이름을 따서 이름 지은 이 지역은 매춘 업소뿐만 아니라 술집과 카바레가 즐비한 유흥가였다. 재즈는 이곳에서 점점 형태를 갖추어 갔다. 그러나 1917년에 이 지역이 폐쇄됨에 따라 해고된 연주자들이 미시시피 강을 따라 여러 도시로 퍼져 나가면서 지역별로 독특한 재즈가 형성되었다고 한다.

조지 M. 코핸(George Michael Cohan, 1878~1942)

코핸의 동상(타임스퀘어)

20세기 초 유럽의 오페레타와 그 아류작이 브로드웨이를 뒤덮고 있을 때, 유럽과 구별되는 미국식 무대 예술 양식을 정착시킨 사람이다. 가족 보드빌 공연단의 한 사람으로 모든 노래를 작사 · 작곡하고 대본을 썼으며, 연출에 출연까지 겸했던 그는 현대 감각과 미국인의 정서에 맞는 공연 양식을 정립하여 당시 쇼 비즈니스의 대표 인물이 되었다. 유럽식 오페레타가 점차 쇠퇴하고 미국식 뮤지컬이 자리 잡기 시작한 것이다.

〈그대는 웅장한 옛 깃발이어라You're a Grand Old Flag〉, 〈브로드웨이에 안부 전해 주오Give My Regards to Broadway〉, 〈저 너머에Over There〉와 같은 노래들을 발표했다.

유럽 오페레타가 미국에 이식되는 과정에서 중요한 구실을 한 사람은 제롬 컨이다. 그는 오페레타의 고전적 음악을 따라 부르기 쉬운 발랄한 멜로디와 리듬을 가진 미국식 음악으로 바꾸어 놓았다. 미국의 오페레타는 변하기 시작했다. 서아프리카에서 미국으로 끌려온 흑인들의 음악 전통과 유럽식 음악이 혼합되면서 블루스 스타일의 음악이 나타났으며, 뉴올리언스의 홍등가 스토리빌(Storyville)에서는 재즈가 시작되었다. 재즈와 블루스가 발달하면서 전통 오페레타의 음악도 32마디의 팝송으로 바뀌었고, 12마디 블루스가 합류했다. 또한 오페레타의 영원한 주제일 것만 같았던 충성, 로맨스, 이국적인 배경은 낡고 과장된 것으로 취급받았다. 가수들도 흉성을 써서 중간음과 저음을 내는 사람이 늘어나고 메가폰과 마이크를 사용하기 시작했으며, 노랫말도 고어보다는 구어를 많이 쓰기 시작했다.

All About The Musical 뮤지컬 산책

20세기 미국 뮤지컬의 발전

1. 1920~1940년대 : 뮤지컬, 다시 일어서다

1920년대 말에 두 사건이 미국 공연계를 강타한다. 첫 번째 사건은 유
성영화이자 뮤지컬 영화인 「재즈 싱어」[1]가 성공한 것이다. 값싼 표를 내
세운 영화에 브로드웨이 뮤지컬은 상대가 되지 못했다. 이와 함께 1920년
대 중반부터 널리 보급된 라디오도 영화 산업과 함께 대중의 문화생활을
크게 바꾸어 놓았다.

다른 하나는 1929년 10월 24일 뉴욕 주식시장의 주가가 폭락하면서 대
공황의 서곡이 된 '암흑의 목요일(Black Thursday)'이다. 대공황이 시작되
자 공연 산업은 큰 타격을 받았다. 당시 최고 공연물이었던 보드빌 극장
의 약 1/3이 문을 닫았고, 남은 극장들도 영화관으로 바뀌었다. 브로드웨
이의 뮤지컬 배우와 일류 작곡가들은 일자리를 찾아 할리우드로 몰려갔
고, 미국의 공연 산업이 영화 중심으로 바뀌는 계기가 되었다.

이런 상황에 발 빠르게 대응하면서 주도권을 잡은 회사가 MGM(Metro-
Goldwyn-Mayer Studios)이다. 브로드웨이의 주요 뮤지컬을 잇달아 영화
로 만들면서 뮤지컬 영화라는 장르를 개척한 것이다.

그러나 브로드웨이가 죽은 것은 아니었다. 대공황기의 예술가들은 달
리는 말을 멈추고 잠시 뒤를 돌아본다는 수족(Sioux)*과 같았고, 할리우드
는 여행길에 잠시 쉬어 가는 여인숙 같은 곳이었다. 세상은 자유, 행복,
낙관으로 가득 찬 꿈나라가 아니라는 것을 깨달은 사람들은 진지한 주제

---

* 미국 평원 지대에 거주하고 수 어족(語族)에 속하는 말을 쓰는 원주민 부족을 통틀어 이르는 말이다. 이
  들은 말을 달리다가도 제 영혼이 잘 따라오고 있는지 잠깐씩 말을 멈추고 뒤를 돌아다보았다고 한다.

와 날카로운 비판을 앞세워 정치를 풍자하고 세상을 야유하면서 영화나 라디오에 맞서기 시작했다.

가장 힘든 시기(1929~1933)를 보내고 나자 무대예술인들은 브로드웨이로 돌아오기 시작했다. 그리고 영화에서 얻은 경험을 바탕으로 드라마 구조를 잘 갖춘 북 뮤지컬을 확립하는 데 기여함으로써 뮤지컬의 황금기를 준비하기 시작했다.

■ 어빙 벌린

어빙 벌린(Irving Berlin, 1888~1989)은 브로드웨이, 할리우드에서 모두 성공한 보기 드문 음악가이며, 미국 팝 역사에 한 획을 그은 사람이다. 러시아 출신 유대인인 그는 독학으로 음악을 공부했다. 틴 팬 앨리(Tin Pan Alley)*에서 작곡가로 활동하기 시작하여 첫 뮤지컬 「발걸음을 조심하세요Watch Your

어빙 벌린

Step」(1914)를 작곡했다. 당시 유명했던 쇼 「지그펠드 폴리스」의 주제곡으로 쓰인 〈예쁜 아가씨는 멜로디 같아A Pretty Girl is Like a Melody〉(1919)는 오늘날에도 재즈 스탠더드로 많이 연주된다.

「애니여, 총을 잡아라Annie, Get Your Gun」(1946)는 원래 제롬 컨(Jerome Kern)이 음악을 맡기로 했지만, 그가 갑자기 세상을 떠나면서 벌린이 맡게 된 작품이라고 한다. 명사수 애니 오클리(Annie Oakley, 1860~1926)와

---

* 19세기 말에서 20세기 초에 뉴욕의 악보 출판업자와 작곡가들이 밀집해 있던 거리.

프랭크 버틀러(Frank E. Butler, 1852~1926)의 실제 사랑 이야기를 소재로, 남매 사이인 도러시 필즈(Dorothy Fields, 1905~1974)와 허버트 필즈(Herbert Fields, 1897~1958)가 대본을 쓴 이 작품은 뉴욕과 런던에서 장기 흥행에 성공했으며, 1950년에 영화와 텔레비전 드라마로도 만들어졌다. 〈쇼처럼 즐거운 인생은 없다*There's No Business Like Show Business*〉, 〈자연스레 오는 것을 하면서*Doin' What Comes Natur'lly*〉, 〈당신이 할 수 있는 것이라면 무엇이든*Anything You Can Do*〉, 〈놀랍다고 하네*They Say It's Wonderful*〉와 같은 활기차고 아름다운 노래가 작품을 가득 채우고 있다.

〈화이트 크리스마스*White Christmas*〉

가장 아름다운 캐럴이라는 이 노래는 어빙 벌린이 1954년 패러마운트(Paramount Pictures)사의 뮤지컬 영화 「화이트 크리스마스」를 위해 만든 곡이다. 빙 크로스비 (Harry Lillis "Bing" Crosby, 1903~1977)가 불러 엄청난 인기를 모았다.

■ 제롬 컨과 오스카 해머스타인 2세

제롬 컨은 당시 젊은 작곡가들의 우상이었다. 가이 볼튼(Guy Reginald Bolton, 1884~1979)과 함께 만든 첫 작품 「베리 굿 에디*Very Good Eddie*」 (1915)에서 유럽식 오페레타 음악과 미국 민요를 결합하는 재능을 과시한 것이다. 그는 극 중 인물에 맞추어 만든 음악이 이야기를 이끌고 나가야 한다는 신념에 차 있었고, 이런 신념은 북 뮤지컬 탄생에 기여했다.

「순항 연예선*Show Boat*」(1927)[2]은 에드너 퍼버(Edna Ferber, 1885~1968)의 동명 소설을 바탕으로, 오스카 해머스타인 2세(Oscar Hammerstein II)가 대본과 노랫말을 쓰고 제롬 컨이 곡을 쓴 작품이다. 이 뮤지컬은 이전에 나온 미국 뮤지컬 작품과 비교해 볼 때 새 경지를 연 작품이다. 이른바 북 뮤지컬이 시작된 것이다.

「순항 연예선」 이전의 미국 뮤지컬은 서로 연결되지 않는 촌극을 엮어놓은 것에 지나지 않았다. 한마디로 이야기 구조를 갖추지 못하고, 천박한 우스개와 볼거리로 가득 차 있었던 것이다. 그러나 「순항 연예선」은 음악과 노랫말이 이야기를 밀고 나가며 등장인물의 정서를 증폭한다. 주제 또한 주목할 만하다. 당시 불법이었던 인종 간 결혼 문제, 화려한 무대 연출은 말할 것도 없고, 미국 민요와 흑인영가를 결합한 제롬 컨의 음악은 교향악에 버금갈 정도로 장대하며 수준 높은 것이었다.

시사회 때부터 좋은 반응을 얻었으며, 지그펠드 극장(Ziegfeld Theatre)에서 정식으로 막을 올려 1년 반에 걸친 흥행을 이어갔고, 1928년에는 웨스트엔드에 진출하여 작품성을 인정받았다. 1929년에 무성영화로 만들어졌으며, 이후로도 몇 차례 영화로 제작되었다.

■콜 포터

⟨I Get a Kick Out of You⟩, ⟨Begin the Beguine⟩, ⟨I've Got You Under My Skin⟩, ⟨In the Still of the Night⟩ 따위의 재즈 스탠더드를 남긴 콜 포터(Cole Porter)는 조지 거슈윈(George Gershwin, 1898~1937)이나 쿠르트 바일(Kurt Weil)과 달리 정치에 관심이 없었다. 진지한 주제나 메시지 대신 가볍고 즐거우며 세련된 도시 감각을 지닌 작품을 써냈다.

열 살 때 오페레타를 작곡할 정도로 음악에 소질이 있었으며, 노랫말도 잘 지었다. 그는 노랫말과 가락을 수없이 고치곤 했는데, 완성된 작품은 날카로운 유머와 세련된 취향이 잘 드러나는 것이었다. 그는 리브레토

(libretto)*에는 소질이 없다고 말하곤 했는데, 이 말이 사실인지는 모르겠지만 어쨌든 그는 진지한 연극에는 관심이 없었고, 그의 노래도 브로드웨이의 초기 뮤지컬코미디에 어울리는 것들이었다. 그러나 그는 1920~1930년대 브로드웨이 뮤지컬을 대표하는 작곡가였다.

콜 포터

　뮤지컬코미디 「먼저 미국을 보라See America First」(1916)로 브로드웨이에 등장한 이래 「프랑스 사람 500만 명Fifty Million Frenchmen」(1929), 「애니싱 고즈Anything Goes」(1934) 따위를 통해 브로드웨이 대표 작곡가로 성장했다.

　「키스 미, 케이트Kiss Me, Kate」(1948)³는 셰익스피어의 『말괄량이 길들이기The Taming of the Shrew』(1590년대 초반으로 짐작)를 토대로 한 극중극 형식으로 된 작품이다. 포터의 뛰어난 언어 구사 능력과 풍부한 음악 지식, 그리고 넘치는 기지가 잘 발휘된 작품으로, 토니상 베스트 뮤지컬 부문을 수상했다.

　20세기 초의 몽마르트르 댄스홀을 배경으로 만든 「캉캉CanCan」(1953)에서 〈아이 러브 파리I Love Paris〉 같은 훌륭한 곡을 선보이기도 했지만, 그의 뮤지컬 인생도 거의 끝나 가고 있었다. 마지막 뮤지컬은 「실크 스타킹Silk Stockings」(1955)이다. 그레타 가르보(Greta Garbo)가 주연한 영화 「니노치카Ninotchka」(1939)에 바탕을 두고 만든 이 작품은 대중적인 성공을 거두

* 오페라 또는 오라토리오와 같은 긴 성악곡의 대사를 말한다. 또한 그러한 대본이나 대사를 담고 있는 인쇄된 책자를 가리키기도 한다. 이탈리아어이며 'little book'이란 뜻이다.

지는 못했지만, 냉전 시대의 사랑이라는 신선한 소재 덕분이었는지 1957년에 만든 뮤지컬 영화는 흥행에 크게 성공했다.

■조지 거슈윈과 아이라 거슈윈

미국 문화의 성격을 가장 잘 나타내고 미국식 솜씨를 가장 잘 발휘했다고 평가받는 작곡가, 클래시컬 음악의 고상한 정신을 이으면서도 재즈를 받아들여 생동감 넘치는 음악을 써낸 '미국의 베르디' 조지 거슈윈.

조지 거슈윈의 음악이 생전에 호평만 받았던 것은 아니었다. 그가 발표하는 음악

거슈윈 형제

은 클래시컬 음악의 눈으로 보면 천박했으며, 대중음악이나 영화음악의 잣대로 보면 지나치게 고상하고 세련된 것이었기 때문이다. 하지만 그는 클래시컬 음악의 예술성과 뮤지컬의 상업성을 접목하여 이른바 순수 음악과 대중음악의 경계를 무너뜨렸다. '아메리칸 클래시컬 음악'이 탄생한 것이다.

조지 거슈윈이 어릴 때 쓰던 피아노는 원래 형인 아이라 거슈윈(Ira Gershwin)의 것이었는데, 아이라가 피아노에 통 관심을 보이지 않아 결국 조지의 차지가 되었다고 한다. 물론 아이라는 뒤에 작사가가 되어 동생의 음악을 더욱 빛내는 조력자이자 동반자로 함께 했다. 조지가 일찍 죽지 않았더라면 미국의 현대 음악과 뮤지컬이 어떻게 달라졌을지 모를 일이다.

조지 거슈윈의 집안은 음악과는 거리가 멀었고, 조지의 학교 성적도 좋지 않았다고 한다. 그러나 일찌감치 흑인 음악에 심취했던 그는 정식으로 피아노 레슨을 받으면서 클래시컬 음악에도 눈을 떠 틴 팬 앨리에 있는 음악 출판사의 송 플러거(song plugger)*로 시작하여 브로드웨이의 리허설 피아니스트로 일하게 되었다.

그는 작곡에도 손을 대기 시작했다. 어빙 시저(Irving Caesar, 1895~1996)가 노랫말을 쓴 「스와니*Swanee*」(1919)**는 당시 최고 스타이자 뒤에 영화 「재즈 싱어」에도 출연한 알 졸슨(Al Jolson)이 녹음하여 엄청난 성공을 거두었다.

뮤지컬 「라 라 루실*La La Lucille*」(1919)의 음악을 쓰면서 브로드웨이 무대에 진출한 그는 이른바 심포닉재즈(symphonic jazz)***를 창시하여 명성이 더욱 높아졌다. 심포닉재즈를 대표하는 〈랩소디 인 블루*Rhapsody in Blue*〉(1924)는 매우 독특한 곡이다. 클라리넷으로 시작하는 도입부는 클레즈머(Klesmer)****와 스윙을 섞어 놓았고, 블루스와 재즈 등 흑인 음악과 클래시컬 음악을 결합하여 대중음악의 지평을 넓히는 데 기여했다. 아메리칸 클래시컬을 상징하는 곡이 탄생한 것이다.

뮤지컬 작업도 계속했다. 「레이디 비 굿*Lady Be Good*」(1924)으로 브로드

---

* 20세기 초 뉴욕의 대중음악 출판사들이 고용한 피아니스트. 음악 출판사들은 고객이 고른 악보를 피아노로 연주하게 해서 고객의 선택을 도왔다.

** 스티븐 포스터의 〈스와니 강〉의 도입부를 패러디하기는 했지만 〈스와니 강〉과는 다른 노래이다. 1920년 컬럼비아 레코드에서 알 졸슨의 목소리로 녹음되었다.

*** 대규모 오케스트라가 연주하는 재즈 형식 교향곡. 조지 거슈윈이 작곡한 「랩소디 인 블루」가 초연되었을 때 저널리스트들이 붙인 이름이다. 〈피아노 협주곡 F장조〉(1925), 〈파리의 미국인〉(1928) 따위가 있다.

**** 디아스포라(Diaspora) 이후 이스라엘 밖의 유대인 공동체에서 발전한 전통음악이다. 동유럽에서 생겨나 미국으로 이주한 유대인들이 발전시킨 것을 클레즈머, 에스파냐에서 생겨나 지중해 연안에서 발전한 것을 세파르딕(Sephardic)이라고 한다.

웨이에서 처음으로 성공했으며, 전쟁을 풍자한 「연주를 시작하라Strike Up the Band」(1930), 대통령 선거를 소재로 삼아 정치를 풍자한 「그대를 위해 노래하네Of Thee I Sing」(1931) 등을 발표하였다. 「그대를 위해 노래하네」는 뮤지컬로는 처음으로 퓰리처상을 받기도 했는데, 노랫말을 쓴 형 아이라와 함께 수상하였다.

1935년, 마침내 3막짜리 재즈 오페라 「포기와 베스Porgy and Bess」[4]를 탄생시킨 조지 거슈윈은 이 작품을 아메리칸 포크 오페라(American Folk Opera)라고 불렀다. 뒤보스 헤이워드(DuBose Heyward, 1885~1940)의 소설 『포기Porgy』(1925)를 바탕으로 원작자인 헤이워드와 아이라 거슈윈이 노랫말을 썼고, 대본은 헤이워드가 아내 도러시(Dorothy Heyward, 1890~1961)와 함께 쓴 희곡을 바탕으로 제작했다.

미국 남부 가난한 흑인들의 삶을 생생하게 그려 내기는 했지만 이야기

「포기와 베스」 공연 장면

얼개가 꼼꼼하지 못한 단점도 있다. 그러나 전설과도 같은 노래 〈서머타임Summertime〉을 비롯하여 영가, 블루스, 재즈 따위가 뒤섞인 아름다운 음악은 이런 단점을 덮고도 남는다. 그러나 이 작품도 초연 당시에는 제대로 평가받지 못하고 적자를 보았다고 한다. 뉴욕 메트로폴리탄 오페라단에서 제의한 공연을 작곡자 조지가 거절했다는 일화도 있다. 조지는 흑인 배우를 기용하려 했지만 메트로폴리탄 오페라단은 백인들로 구성되어 있었기 때문이다.

■빈센트 유먼스

빈센트 유먼스(Vincent Youmans, 1898~1946)의 대표작은 1920년대에 가장 많이 상연된 뮤지컬코미디 「노, 노, 나네트No, No, Nanette」(1925)이다. 어빙 시저가 노랫말을 썼다. 뉴욕에서 상연되기 전 1년에 걸쳐 다른 도시에서 공연했다. 오늘날에도 자주 연주되는 재즈 스탠더드 넘버인 〈두 사람을 위한 차Tea for Two〉는 2막에서 나네트와 톰이 미래를 그리며 부르는 듀엣인데, 연출자가 갑자기 집어넣는 바람에 처음에는 노랫말 없이 멜로디만 사용되었다고 한다.

선원과 커피집 주인 사이의 사랑과 유산 상속 이야기를 다룬 또 다른 성공작 「히트 더 덱Hit the Deck」(1928)은 1955년 영화로 만들어지기도 했다.

2. 1940~1960년대 : 뮤지컬, 황금시대가 열리다

제2차 세계대전이 끝난 1940년대 중반부터 1960년대까지 미국 뮤지컬은 황금시대를 맞이한다. 제2차 세계대전에서 승리한 미국은 세계 최강국으로 떠오르면서 얻은 자신감을 바탕으로 끝없는 희망과 낙관을 담아화려하고 수준 높은 뮤지컬 작품을 만들어 냈다. 1930년대의 풍자 뮤지컬을 대신하여 신화, 셰익스피어의 작품, 당대 유명 극작가의 작품까지 여러 가지 소재를 사용한 뮤지컬이 등장하면서 시대를 초월한 보편적 주제와 멜로디를 쓰게 되었고, 뮤지컬의 음악과 형식도 다양해졌으며, 안무의중요성이 커지기 시작했다.

뮤지컬에서 춤의 중요성을 높인 사람은 극작가이자 연출가이며, 제작자이기도 한 조지 애벗(George Francis Abbott, 1887~1995)이다. 애벗은이야기 전개의 주요 수단으로 발레를 끌어들이려 했는데, 이런 그의 노력은 「오클라호마!」(1943)의 안무를 맡은 애그니스 드 밀(Agnes de Mille, 1905~1993)에게 이어져 춤이 뮤지컬의 필수 요소로 자리 잡게 되었다.

안무가 제롬 로빈스(Jerome Robbins), 밥 포스(Robert Louis "Bob" Fosse, 1927~1987)와 같은 사람들이 애벗과 함께 작업했다. 이후 로빈스는 이야기를 전개하는 강력한 도구로 춤을 강조하면서 연출과 안무를 동시에 맡았다. 밥 포스도 「시카고Chicago」(1975)에서 연출과 안무를 겸한다.

한편 이 시기에는 북 뮤지컬이라는 형식이 완성되고, 아메리칸 포크 오페라라고 부르는 「포기와 베스」가 나타난 시기이기도 하며, 유명 뮤지컬이 영화로 제작되기도 했다. 뮤지컬의 노래와 춤이 일으키는 환상은 영화

기술의 도움으로 증폭되었다.

■북 뮤지컬 완성 시대

초창기인 1890년대에서 1920년대의 뮤지컬은 음악과 이야기를 결합하려는 데 신경조차 쓰지 않았고, 가벼운 웃음과 재미를 자아내는 정도였다. 그러나 뮤지컬은 점차 진지해지기 시작했다. 당연히 볼거리를 나열하는 방식에서 벗어나 드라마가 부각되기 시작했다. 잘 짜인 플롯과 이야기를 갖춘 대본(book)에 노래와 춤을 결합하여 인간의 진실한 감정을 불러일으키려 한 것이다. 이와 같은 뮤지컬을 북 뮤지컬이라고 한다.

북 뮤지컬의 세 가지 중요한 요소는 음악, 노랫말, 대본이다. 물론 노래가 가장 중요하다. 북 뮤지컬에서는 감정이 극에 달하면 그 감정을 노래로 표현하는 일이 많다. 감정이 말로 표현할 수 없을 정도로 벅찰 때 노래하게 되는 것이다. 노래는 대사보다 말이 적을지라도 가락의 도움을 받아 더 큰 감정을 절절하게 나타낼 수 있기 때문이다. 그래서 북 뮤지컬의 노래는 인물과 상황에 맞도록 매우 공들여 만든다. 대사는 보통 노래 사이사이에 들어가지만 성-스루 뮤지컬에서는 레치타티보가 사용되거나 노래로 처리한다.

■아메리칸 포크 오페라

몇몇 자료에 이 시기가 아메리칸 포크 오페라가 완성되는 때라고 나와있지만, 아메리칸 포크 오페라가 무엇인지 묻고 싶다. 오페라와 뮤지컬의 경계선에 있으며, 재즈와 클래시컬 음악을 결합한 것이라는 판에 박힌 설명이 나온다. 그러나 조지 거슈윈이 「포기와 베스」를 그렇게 불렀다는 것

말고는 거슈윈 자신도 정의를 내리지 않았다. 사전에도 나오지 않으며 참고 문헌에도 공허한 대답이나 서로 엇갈리는 말만 있을 뿐 그 어떤 근거나 정의를 찾을 수 없다. 대답할 수 없는 문제인 것이다.

그래서 어떤 합의된 정의는 없지만 아메리칸 포크 오페라가 무엇인지 잠시 생각해 보기로 하자. 첫째, 오페라는 작품 전체가 음악이며 미리 작곡되어 있어야 한다. 대사도 노래하는 것처럼 처리된다. 그러므로 「포기와 베스」는 오페라이다. 뮤지컬 용어로 말하면 성-스루 뮤지컬이다. 둘째, 포크라는 말로 미루어 볼 때 민속음악을 사용한 오페라를 뜻할 것이다. 그러나 거슈윈이 흑인의 음악 언어를 빌려 왔을지는 몰라도 공공연하게 예전 음악을 모방하거나 끌어다 쓰지는 않았다. 셋째, 언뜻 오페라 같은 '예술 음악'에 잘 사용되지 않는 전통 악기나 민속 악기를 사용하며, 전문 훈련을 받지 않은 가수라도 할 수 있을 것 같다는 생각이 든다. 그러나 밴조가 일부 사용되기는 해도 풀 오케스트라가 반주한다는 점에서 해당되지 않는다. 그리고 가수들은 다른 오페라에 비해 더 많은 기교와 힘을 요구받는다.

「포기와 베스」를 민속성(folkness), 흑인성(blackness), 미국성(americaness)으로 이루어진 세모꼴 작품이라고 말하는 사람도 있다. 그러나 원주민의 땅을 빼앗아 건설한 미국이라는 나라의 민속성이란 도대체 무엇이며, 그 주인은 누구일까. 미국은 아프리카 사람들의 피와 땀으로 건설한 나라이다. 고향 땅에서 강제로 끌려와 모진 고초를 겪은 아프리카인들에게 흑인성이란 무엇일까. 고향 아프리카의 문화일까, 고된 노동에 시달리던 면화 농장의 추억일까. 온갖 핏줄과 문화가 녹아들어 얽히고설킨 나라에서 미국성이란 과연 무엇일까. 인간성이 거세되고 오로지 잘사는 소수

백인들이 소리 높여 부르짖는 애국심이란 허상이 아닐까. 그러나 이 모든 의문에 대해 밤새도록 토론한다고 해도 '아메리칸 포크 오페라'에 대한 정의는 내릴 수 없을 것이다. 「포기와 베스」를 다시 보면서 거슈윈의 의도를 짐작하는 수밖에 없다.

■쿠르트 바일

나치의 탄압을 피해 미국으로 망명한 유대계 지식인 중의 한 명인 쿠르트 바일(Kurt Weil)은 망명하기 전인 1927년 베르톨트 브레히트(Bertolt Brecht)를 만나 「서푼짜리 오페라」를 완성하여 이듬해 베를린에서 초연했다. 그의 작품 가운데 가장 유명한 이 작품은 제목에 '오페라'가 들어 있지만 오페레타에 가깝다. 이 작품은 바로크 시대 궁정 오페라를 풍자했던 존 게이(John Gay)의 「거지 오페라」를 각색한 것으로 '바그너 오페라에 대한 반발', '노동자를 위한 오페라'로 평가받고 있으며, 초기 뮤지컬코미디의 본보기로 꼽히기도 한다.

베르톨트 브레히트(↑)
쿠르트 바일(↓)

유대계 핏줄을 타고난 바일은 1933년 나치의 박해를 피해 미국으로 이주한 뒤 「포기와 베스」 시연회에서 큰 감동을 받았다고 한다. 더 이상 모국어로 된 작품을 쓸 수 없다는 것을 알아차린 그는 미국식 뮤지컬에 도전하여 관객들의 호응을 얻었다. 바일과 그의 동료들의 뮤지컬은 대중성과 유쾌함을 동시에 추구했고, 뮤지컬 공연도 메시지와 주제를 충분히 전달할 수 있음을 입증했다.

미국으로 이주한 뒤 바일이 선보인 뮤지컬은 새로운 것이었다. 퓰리처상을 수상한 엘머 라이스(Elmer Rice, 1892~1967)의 동명 희곡에 기초한 뮤지컬 「거리 풍경Street Scene」(1947)에서는 아리아, 듀엣, 앙상블, 간주곡 따위를 다양하게 써서 음악 효과를 높였으며, 뮤지컬코미디 전통에 충실한 「러브 라이프Love Life」(1948)를 통해 현대와 전통을 버무리고 미국식 표현 방법과 유럽식 표현 방법을 결합했다.

■리처드 로저스와 오스카 해머스타인 2세

리처드 로저스(Richard Rodgers)는 이전에 로렌즈 하트(Lorenz Hart, 1895~1943)와 함께 「아메리카의 스위트하츠America's Sweethearts」(1931), 「팔 조이Pal Joey」(1940) 따위를 만들었다. 그러나 하트의 건강이 나빠져 더 이상 일을 할 수 없게 되자 오스

로저스(왼쪽)와 해머스타인 2세(오른쪽)

카 해머스타인 2세와 손잡고 「오클라호마!」를 발표한다. 「순항 연예선」에서 시작된 뮤지컬의 혁명이 마침내 완성되고, 북 뮤지컬의 황금시대가

〈칼잡이 맥Mack the Knife〉

재즈 넘버로 잘 알려진 이 노래는 본디 「서푼짜리 오페라」에 실려 있는 노래이다.

시작된 것이다.

　린 리그스(Rollie Lynn Riggs, 1899~1954)의 연극 「라일락은 푸르게 자라고Green Grow the Lilacs」(1931)에 바탕을 둔 「오클라호마!」[5]는 당시 미국 농가의 평범한 일상을 잔잔하게 그린다. 이 평범한 일상이야말로 미국인들이 지키려고 했던 삶의 모습이고, 전쟁과 대공황을 겪으면서 사람들이 돌아보게 된 삶의 가치였던 것이다. 로저스의 뮤지컬코미디 양식과 해머스타인 2세의 오페레타 양식을 절묘하게 버무려 넣고, 이야기에 음악과 춤을 통합한 이 작품은 지금까지 없었던 혁명과도 같은 것이었다. 「순항 연예선」에서 시작된 변화가 한 매듭을 지으며 미국 뮤지컬의 표준자가 탄생한 것이다.

리처드 로저스와 로렌즈 하트

두 사람은 「아메리카의 스위트하츠」에서 할리우드를 풍자하기도 했으나, 할리우드의 유혹을 아주 이겨 내지는 못했다. 잠시 할리우드로 진출해 영화 작업을 하기도 했는데 이내 브로드웨이로 돌아와 뮤지컬 작업을 이어 갔다.

미국의 어두운 현실을 그린 「팔 조이」는 반낭만주의, 반영웅주의와 함께 성 정체성에 대한 문제를 제기한 작품이다. 인간 본성의 어두운 면을 솔직하게 들여다본 로저스와 하트의 노래들은

로렌즈 하트

시대를 앞서가는 탁월한 것이었지만, 풍자와 성에 관한 이야기로 가득 차 있던 당시 공연계에서는 제대로 인정받지 못했다.

로저스와 하트의 작품에서는 재즈의 영향이 분명하게 드러나지만, 이후 해머스타인 2세와 함께 한 작품에서는 당김음을 거의 사용하지 않는 것도 눈여겨볼 대목이다. 현대 재즈와 대립되는 오페레타 방식으로 작품을 썼기 때문이다.

이전의 뮤지컬들은 스타 중심으로 이야기를 끌고 나가려다 보니 어색한 장면을 억지로 끼워 넣어 극의 흐름이 이상해지는 일이 많았다. 그러나 「오클라호마!」는 현실성 높은 인물들이 펼치는 재미있는 이야기에 노래와 춤이 통합되면서 음악을 비롯한 여러 요소들이 하나가 되어 움직이게 되었다. 특히 춤은 당시만 해도 남성 관객의 눈요깃거리에 지나지 않았으나 이제 인물의 내면을 표현하는 데 꼭 필요한 요소가 되었다. 애그니스 드 밀이 안무한 막간춤극(dream ballet sequence) 역시 그러하다.

「회전목마Carousel」(1945), 「남태평양South Pacific」(1949), 「왕과 나King and I」(1951), 「사운드 오브 뮤직the Sound of Music」(1959)*과 같이 사랑 이야기와

---

* 1950년대는 로저스와 해머스타인 2세의 마지막 히트작 「사운드 오브 뮤직」으로 막을 내린다. 「사운드 오브 뮤직」은 오스트리아 출신 마리아 폰 트라프(Maria von Trapp, 1905~1987)의 회고록 The Story of the Trapp Family Singers를 원작으로 한 뮤지컬 작품이다. 토니상 베스트 뮤지컬 부문을 수상했고, 1965년 줄리 앤드루스가 주연한 영화가 성공하여 대중의 사랑을 가장 많이 받은 뮤지컬이 되었다. 한편 「남태평양」에서 넬리 포부시(Nellie Forbush) 역을 맡았던 메리 마틴(Mary Virginia Martin, 1913~1990)은 마리아 폰 트라프 역을 맡음으로써 브로드웨이 뮤지컬의 여왕 자리에 오르기도 했다.

아름다운 노래가 가득한 이들 작품은 대중의 마음을 휘어잡았다. 로저스와 해머스타인 2세는 뮤지컬의 황금시대를 이끄는 데 가장 크게 기여한 짝으로 기록된다.

■레너드 번스타인

레너드 번스타인(Leonard Bernstein, 1918~1990)은 미국에서 태어나 미국에서 교육받은 지휘자 가운데 온 누리에 걸친 칭송과 환호를 받은 첫 번째 지휘자이다. 번스타인은 뉴욕 필하모닉 오케스트라의 지휘자 겸 음악감독으로 재직 (1958~1969)하면서 세계의 유명 오케스트라는 거의 다 지휘했을 뿐만 아니라 클래

레너드 번스타인

시컬 음악에서 발레와 극음악에 이르기까지 많은 곡을 쓴 작곡가로도 유명하다. 뮤지컬 「피터 팬Peter Pan」(1950), 오페레타 「캔디드Candide」(1956)* 따위도 그의 작품이다. 그러나 「웨스트사이드 스토리」(1957)[6]의 음악만큼 널리 알려지고 성공한 것은 없다.

잘 알려진 대로 이 작품은 아서 로렌츠(Arthur Laurents, 1917~2011)가 셰익스피어의 「로미오와 줄리엣Romeo and Juliet」을 각색한 것이다. 배경은 1950년대 뉴욕이며, 원수 사이인 몬태규(Montague)가와 캐퓰릿(Capullet)

---

* 볼테르가 1759년에 발표한 동명 소설을 바탕으로 릴리언 헬먼(Lillian Hellman, 1905~1984)이 대본을 쓰고 레너드 번스타인이 음악, 시인 리처드 윌버(Richard Wilbur, 1921~)가 노랫말을 맡은 오페레타이다. 1974년 휴 휠러(Hugh Callingham Wheeler, 1912~1987)가 대본을 쓴 작품이 널리 상연되고 있다. 스티븐 손드하임도 대본 작업에 참여했다.

가를 역시 앙숙인 갱 그룹 제트파와 샤크파로 바꾸어 현대성, 도시성, 사실성을 더했다. 비극과 희극이 균형을 이룬 드라마에 음악, 춤, 대화를 촘촘하게 이어 놓았고, 특히 발레에 기초를 둔 로빈스의 안무와 번스타인의 음악이 긴장감을 높이면서 이야기를 밀고 나간다. 「오클라호마!」가 정립한 통합 뮤지컬 방식에 현실 세계와 환상 세계, 힘찬 춤 기술과 우아한 발레를 통해 저돌성과 우아함을 모두 구현하였다.

오늘날 '뮤지컬의 교과서'라고 불리는 이 작품의 가치는 대단하다. 유럽의 뮤지컬 형식을 본뜨는 데에서 벗어나 새 형식을 도입하고, 뮤지컬의 예술성을 끌어올림으로써 뮤지컬이 단순한 볼거리가 아니라 확고한 예술 장르로 발전하는 계기를 만든 것이다. 그러나 이 걸작도 초연부터 최고였던 것은 아니었다. 평론가들의 평도 좋았고 인기도 있었지만 몇 달 뒤에 개막한 「뮤직 맨*The Music Man*」*에 밀렸던 것이다. 「웨스트사이드 스토리」도 꽤 오래 흥행했지만 「뮤직 맨」은 거의 두 배나 되는 흥행을 이어갔다. 대중은 「뮤직 맨」을 선택했고, 토니상 베스트 뮤지컬상도 「뮤직 맨」에게 돌아갔다. 물론 안무상은 「웨스트사이드 스토리」의 제롬 로빈스 것이었다.

■ 줄 스타인

줄 스타인(Jule Styne, 1905~1994)의 작품 중 가장 뛰어난 작품은 「집시*Gypsy*」(1959)⁷이다. 집시 로즈 리(Gypsy Rose Lee, 1911~1970)**의 회고록

---

* 메리디스 윌슨(Meredith Willson)이 대본, 음악, 노랫말을 맡은 작품이다. 밴드 멤버를 연습시킨다고 약속하고는 순진한 아이오와 사람들을 등쳐 먹는 사기꾼 해럴드 힐(Harold Hill)에 관한 이야기가 주 플롯이다.
** 스트립쇼를 예술로 승화하여 벌레스크 스타에 오른 배우이자 작가이다. 그의 회고록은 뮤지컬과 영화로 만들어지기도 했다.

(1957)을 바탕으로 「웨스트사이드 스토리」를 쓴 아서 로렌츠가 대본을 쓰고 줄 스타인의 음악에 스티븐 손드하임(Stephen Sondheim)이 노랫말을 붙였다. 이른바 전기 뮤지컬에 속하는 작품이다.

두 딸을 무대의 스타로 만들려는 로즈의 꿈과 노력을 따라가며 쇼 비즈니스에 몸담은 사람들의 고난에 애정 어린 눈길을 보내는 이 작품은 20세기 중반 북 뮤지컬 가운데 가장 뛰어난 작품으로 평가받는다. 1963년 영화로도 제작되었으며, 1993년에는 벳 미들러(Bette Midler, 1945~)가 주연한 TV 영화로도 제작되어 많은 인기를 끌었다.

■ 프랭크 뢰서

프랭크 뢰서(Frank Henry Loesser, 1910~1969)는 콜 포터나 어빙 벌린에 비하면 신세대라고 할 수 있는 작곡가이다. 거슈윈의 아메리칸 포크 오페라 「포기와 베스」의 전범을 따른 것으로 평가되는 「가장 행복한 남자The Most Happy Fella」(1956)에서는 오페라 배우를 기용하고 오페라 형식 음악을 쓰는 등 30곡이 넘는 다양한 노래로 작품을 채웠다. 「노력하지

프랭크 뢰서

않고 출세하는 법How to Succeed in Business Without Really Trying」(1961)에서는 비즈니스 세계의 잔인한 욕망을 신랄하게 풍자하기도 했다.

원래 호기 카마이클(Hoagy Carmichaeld Carmichael, 1899~1981)과 줄 스타인의 작품에서 노랫말을 썼던 그는 푸가 형식에서 블루스에 이르는 폭넓은 음악 요소를 동원하여 사기꾼, 노름꾼, 쇼걸들의 세계를 그려낸 뮤

지컬코미디 「아가씨와 건달들*Guys and Dolls*」(1950)[8]을 성공시킨다. 이 작품의 대본은 데이먼 러니언(Damon Runyon, 1880~1946)의 단편소설 『세라 브라운 양의 전원*The Idyll of Miss Sarah Brown*』과 『혈압*Blood Pressure*』을 비롯하여 역시 러니언의 다른 작품에서 플롯과 인물을 빌려와 조 스월링(Jo Swerling, 1893~1964)이 썼으나 폐기되고, 에이브 버로스(Abe Burrows, 1910~1985)가 다시 썼다.

브로드웨이 46번가 극장(46th Street Theatre)에서 개막하여 1,200회에 이르는 공연을 했다. 토니상 베스트 뮤지컬 부문을 수상했고, 1951년 풀리치상 드라마 부문에도 지명되었다.

■ 프레더릭 로우와 앨런 제이 러너

프레더릭 로우(Frederick Loewe, 1918~1986)는 빈에서 오페라 가수의 아들로 태어나 요한 슈트라우스와 프란츠 레하르를 들으며 자랐다. 그의 음악에서 빈 오페레타의 흔적이 있는 것은 당연한 것이다. 프레더릭 로우가 곡을 쓰고, 앨런 제이 러너(Alan Jay Lerner, 1918~1986)가 대본과 노랫말을 맡은 「브리가둔*Brigadoon*」(1947)은 100년에 한 번, 그것도 딱 하루 모습을 드러낸다는 스코틀랜드 고지대의 마을 브리가둔을 방문한 미국인 두 명이 겪는 모험과 사랑 이야기를 다룬 것이다. 애그니스 드 밀의 스코틀랜드풍 안무와 부드럽고 향수 가득한 스코틀랜드풍 음악이 이국의 색채를 더하면서 스코틀랜드에 대해 애정 어린 향수를 지니고 있는 미국 이민자들을 열광케 했다.

「브리가둔」과 마찬가지로 로우와 러너가 함께 작업한 「마이 페어 레이디」(1956)[9]는 음악과 형식에서 빈 오페레타의 영향이 그대로 드러난다. 아일랜드의 극작가 조지 버나드 쇼(George Bernard Shaw, 1856~1950)의 희곡 「피그말리온*Pygmalion*」(1912)을 각색한 작품인데, 조지 버나드 쇼는 자신의 작품을 뮤지컬로 각색하는 걸 좋아하지 않아서 그가 죽은 뒤에 제작했다고 한다. 브로드웨이 공연에서는 꽃 파는 소녀 일라이자 둘리틀(Eliza Doolittle) 역을 줄리 앤드루스(Julie Elizabeth Andrews, 1935~)가 맡았지만, 영화에서는 오드리 헵번(Audrey Hepburn, 1929~1993)이 연기했다.

3. 1960〜1970년대 초 : 뮤지컬, 새 옷을 입다

1950년대 중반 팝 작곡가들이 재즈 어법을 흡수하고 로큰롤이 젊은이의 문화를 점령하기 시작하였다. 로큰롤 세대는 극장 음악을 외면했지만 브로드웨이는 변하지 않았으며, 젊은이들의 음악을 천박하다고 경멸하고 있었다. 뮤지컬 음악에도 변화가 필요했다.

1950년대 후반까지도 재즈 어법을 주로 쓰던 뮤지컬이 1960년대에 들어오면서 여러 나라의 민속음악이나 당대의 유행 음악을 끌어들이기 시작했다. 우크라이나 유대인 공동체의 음악을 빌려 온 「지붕 위의 바이올린Fiddler on the Roof」(1964), 에스파냐 민속음악을 받아들인 「맨 오브 라만차Man of La Mancha」(1965), 나치 시대 동독의 음악을 끌어온 「카바레Cabaret」(1966) 등이 그것이다.

한편 록 뮤지컬도 나타났다. 록 뮤지컬은 순수한 록 음악이 아니라 공연 산업의 작동 원리와 극의 구성에 맞추어 서정적인 요소를 덧붙인 음악을 쓴다. 록 뮤지컬은 고리타분한 전통과 억압에 저항하는 젊은 세대의 뜨거운 환호를 받으며 1960년대에 크게 유행했다. 반전평화운동과 히피 문화를 배경으로 한 「헤어」(1968)는 당시 록 뮤지컬의 본보기였다. 가장 큰 성공을 거둔 「그리스Grease」(1972)는 6년 뒤에 영화로 제작되어 더 큰 인기를 얻기도 했다. 성경 이야기와 결합된 「갓스펠Godspell」(1971), 록 뮤지컬의 대명사 「지저스 크라이스트 슈퍼스타」(1971)가 등장했는가 하면, 컬트 뮤지컬로 불리는 「로키 호러 쇼The Rocky Horror Show」(1973)가 젊은이들을 열광시켰다.

뮤지컬의 변화는 음악에서만 일어난 것이 아니었다. 특히 미국 뮤지컬이 그려 내는 작품 세계의 변화가 흥미롭다. 미국은 1963년 케네디 대통령이 암살당하고 베트남전쟁, 흑인 폭동 따위와 관련된 갈등과 여론 분열을 겪으면서 기존의 상식 체계가 무너져 내렸다. 이에 따라 뮤지컬도 아름다운 사랑 이야기를 뼈대로 한 희망과 낙관의 정서에서 벗어나 인권, 체제에 대한 저항, 인종 간 갈등, 반유대주의, 동성애 따위 여러 가지 사회문제에 대해 발언하기 시작하였다. 인종 간 이해와 화합을 촉구하는 「남태평양」, 「왕과 나」, 「웨스트사이드 스토리」, 유대인 문제를 다룬 「지붕 위의 바이올린」, 「젖과 꿀*Milk and Honey*」(1961), 「공습!*Blitz!*」(1962)*, 「래그스*Rags*」 따위가 그것들이다.

한편 「헤어」는 인종에 따른 배역을 무의미하게 만든 첫 작품이다. 「헤어」에서는 배우들이 피부색과 상관없이 배역을 커버한다. 동성애에 대한 탐구도 「헤어」에서 시작되었다.

■ 「팬터스틱스」

오프-브로드웨이에서는 「팬터스틱스*Fantasticks*」(1960)가 1960년대의 문을 열었다. 에드몽 로스탕(Edmond Rostand, 1868~1918)의 희곡 『공상가들*Les Romanesques*』(1894)**을 바탕으로 하비 슈미트(Harvey Schmidt, 1929~)가 곡을 쓰고 톰 존스(Tom Jones, 1928~)***가 노랫말을 붙였다.

---

* 라이어널 바트가 제2차 세계대전 중 독일의 공습을 받던 런던의 유대인 거주 구역에서 보낸 어린 시절의 기억을 토대로 제작한 것이다. 유대인 여성과 런던 토박이 남성의 사랑 이야기가 뼈대를 이룬다.

** 『로미오와 줄리엣』을 뒤집어 놓은 희극판이다. 절친한 친구 사이인 두 아버지가 반항적인 자녀들을 결혼시키려고 불화와 반목을 가장한다.

*** 영국 출신 가수가 아니라 미국의 작사가, 연출가, 배우이다.

배우와 악단은 몇 명에 지나지 않고
셰익스피어 방식으로 해설자(narrator)
가 인물을 소개하며, 빈약한 무대장치
는 관객의 상상력으로 채우라고 말한
뒤 곧바로 다른 배역을 연기한다.

「팬터스틱스」 오리지널 캐스트 음반

이 서사성 높은 풍자 쇼는 브로드웨
이와 오프-브로드웨이를 통틀어 역사
상 가장 많이 상연된 뮤지컬이며, 가장 오래 상연된 뮤지컬이기도 하다.
그리니치빌리지(Greenwich Village)에 있는 설리번 가 극장(Sullivan Street
Theatre)에서 막을 올린 뒤 2002년 1월에 막을 내리기까지 무려 42년간 조
용히 공연되었다. 영화와 텔레비전 극으로도 만들어진 이 작품에서는 우
리도 잘 알고 있는 노래 〈기억하려 해 봐요*Try to Remember*〉가 특히 유명
하다.

■제리 허먼

제리 허먼(Jerry Herman, 1931~)은 대
학을 졸업한 뒤 오프-브로드웨이에서
레뷔를 쓰면서 무대 생활을 시작했다.
브로드웨이 데뷔작 「처음부터 끝까지
From A to Z」(1960) 역시 레뷔였다.

그가 브로드웨이 뮤지컬에 처음 도
전한 것은 「젖과 꿀」이었다. 세운 지

제리 허먼

얼마 되지 않은 이스라엘을 여행하는 나이 든 두 미국인의 사랑 이야기인

이 작품은 평단의 주목을 받았고 흥행에도 성공했지만, 그의 음악은 아직 어빙 벌린의 경지에 이르지는 못하고 있었다. 그는 실험극에는 관심이 없었고, 유행을 좇는 아름다운 가락을 짓는 데에만 관심이 있었던 것이다.

그러다가 1964년 제작자 데이비드 메릭(David Merrick, 1911~2000)을 만나 작업한 「헬로 돌리!*Hello Dolly!*」(1964)로 마침내 자신의 개성과 스타일을 확립하면서 커다란 인기를 얻게 된다. 루이 암스트롱(Louis Armstrong, 1901~1971)*이 부른 타이틀곡 〈헬로 돌리!〉는 상연되기도 전에 팝 순위에 올라와 있었고, 1964년 강력한 경쟁작 「퍼니 걸」을 물리치고 토니상 10개 부문을 휩쓸기도 했다. 손턴 와일더(Thornton Wilder)가 자신의 연극 「용커스의 장사꾼*The Merchant of Yonkers*」(1938)을 각색하고 다시 이름을 붙인 「중매쟁이*Matchmaker*」(1955)를 바탕으로 마이클 스튜어트(Michael Stewart, 1924~1987)가 대본을 쓰고 제리 허먼이 음악과 노랫말을 맡았다.

1966년 두 번째 발표한 「메임*Mame*」도 성공했지만, 이후 도전한 「디어 월드*Dear World*」(1969), 「맥 앤드 메이블*Mack and Mabel*」(1974), 「그랜드 투어*The Grand Tour*」(1979)는 콘셉트가 재미있고 음악도 뛰어났음에도 성공하지 못했다.

세 번째 성공작 「새장 속의 광대*La Cage aux Folles*」(1983)는 프랑스의 동명 연극을 각색한 것이다. 게이들이 벌이는 여장 파티에 초점을 맞춘 이 작품은 소재만큼이나 실험성이 강한데, 제리 허먼은 현란하고도 아름다운 음악을 선보여 그해 토니상 베스트 뮤지컬상을 받았다.

* 두툼한 입술과 커다란 입 때문에 '새치모(satchel-mouth, satchmo)'라는 애칭이 붙은 재즈 가수이자 트럼펫 연주자이다. '트럼펫의 제왕'이라고도 불린다.

■「지붕 위의 바이올린」[10]

작곡가 제리 복(Jerry Bock, 1928~
2010)과 작사가 셸던 하닉(Sheldon
Harnick, 1924~)이 극작가 조지프 스
타인(Joseph Stein, 1912~2010)과 손잡
고 만든 이 작품은 숄렘 알레이헴
(Sholem Aleichem, 1859~1916)의 『테
비에와 딸들Tevye and his Daughters』
을 바탕으로 그의 몇몇 소설에서 구
성을 빌려 온 것이다.

샤갈의 〈바이올린 연주자〉

1905년 제정러시아를 배경으로 우크라이나의 유대인 마을(극 중 아나
테프카, Anatevka)에 살고 있는 가난한 낙농업자 테비에가 밖에서 밀려오
는 변화에 맞서 유대인의 전통을 지키려는 이야기이다. 작품 제목은 샤갈
(Marc Chagall, 1887~1985)의 그림 〈바이올린 연주자〉에서 따온 것이며, 지
붕 위에서 연주하는 바이올린 연주자처럼 불안한 유대인들의 삶을 의미
한다고 한다.

유대인 공동체의 독특한 민속과 클레즈머 음악을 바탕으로, 남의 땅에
살고 있는 이방인인 유대인들의 애환과 사랑, 무너지는 낡은 전통과 밀
려오는 변화를 감동 깊게 표현한 이 작품은 〈해는 뜨고 해는 지네Sun Rise
Sun Set〉 같은 아름다운 노래로도 유명하다. 영화에서는 유대계 바이올리
니스트 아이작 스턴(Isaac Stern, 1920~2001)이 연주했다.

공연 횟수 3,000회를 넘긴 첫 번째 작품이며, 「그리스」가 이 기록을 깨
기 전까지 브로드웨이 최장 공연 기록도 세웠다. 토니상 10개 부문에 지

명되어 베스트 뮤지컬상을 비롯한 9개 부문에서 수상했으며, 1971년 영화로 만들어졌다.

■ 「맨 오브 라만차」[11]

「맨 오브 라만차」는 더 나은 자신과 세상을 만드려는 돈키호테의 투쟁을 그린 1막짜리 희비극이다. 원래 세르반테스(Miguel de Cervantes, 1547~1616)의 걸작 『돈키호테Don Quixote』를 각색하여 미국 CBS의 듀폰쇼(DuPont Show)에서 방영했던 텔레비전 극 「나, 돈키호테I, Don Quixote」*를 뮤지컬로 옮긴 것이다. 데일 와서먼(Dale Wasserman, 1914~2008)이 대본을 쓰고 미치 리(Mitch Leigh, 1928~)의 음악에 조 데어리언(Joe Darion, 1917~2001)이 노랫말을 붙였다.

종교재판을 기다리고 있는 세르반테스라는 작가가 동료 죄수들에게 미친 기사 돈키호테의 이야기를 들려주는 극중극 형식으로 된 이 작품은 당시 주류 뮤지컬과는 매우 다른 데다가 제작에 참여한 사람들도 이름 없는 사람들이어서 처음에는 주목을 받지 못했다. 그러나 지금은 온 누리 사람들이 사랑하는 작품 가운데 하나가 되었다.

『돈키호테』를 읽다 보면 괴짜 이상주의자 돈키호테의 이상과 현실이 맞지 않기 때문에 그가 바보처럼 보인다는 생각이 들지도 모른다. 그러나 세상의 잘못을 바로잡으려는 그의 노력이 비록 연약하고 애처로우며 쓸데없어 보일지라도, 결국 우리는 그의 순수한 이상에 공감하고 그를 연민

* 프로그램 후원자인 듀폰사는 시청자들이 '라만차'(에스파냐 중앙에 있는 고원 지대)가 무슨 뜻인지 전혀 모를 것이라고 생각해서 「맨 오브 라만차」라는 제목을 좋아하지 않았기 때문에 채택된 제목이 「나, 돈키호테」라고 한다.

할 수밖에 없게 된다. 사회의 약자들과 함께 온갖 부조리에 맞서 싸우고 결국 승리할 것이라는 믿음으로 가득 찼던 우리 젊은 시절을 기억하는 사람이라면 말이다.

오리지널 버전은 토니상 5개 부문을 수상하면서 브로드웨이에서 4번에 걸쳐 재상연되었다. 주제곡인 〈불가능한 꿈The Impossible Dream〉은 "이길 수 없는 적과 싸우기 위해 실현 불가능한 꿈을 꾸어야 한다."는 돈키호테의 고집스럽지만 순결한 이상을 감동 깊게 그리고 있으며, 우리나라 사람들도 매우 좋아하는 뮤지컬 넘버이다.

■「카바레」[12]

크리스토퍼 이셔우드(Christopher Isher-wood, 1904~1986)의 단편소설 『베를린이여 안녕Goodbye to Berlin』(1939)에서 따온 존 밴 드루턴(John Van Druten)의 연극 「나는 카메라I Am a Camera」(1951)에 바탕을 두고 명연출가 해럴드 프린스(Harold Smith "Hal" Prince)가 만든 명작이다.

존 칸더

원래 샌디 윌슨(Sandy Wilson, 1924~)이 대본과 음악을 썼으나, 대본이 1930년대 초의 베를린을 제대로 잡아내지 못했다고 판단한 해럴드는 이를 폐기했다. 새로 기용한 조 매스터로프(Joe Masteroff, 1919~)가 대본을 쓰고, 존 칸더(John Harold Kander, 1927~)가 음악, 프레드 에브(Fred Ebb, 1928~2004)가 노랫말을 썼다. 1972년에 같은 이름으로 된 영화가 나오기도 했다.

1930년대 나치가 성장하고 바이마르공화국이 흔들리는 현실을 은유한 것이 분명한 킷 캣 클럽(Kit Kat Klub)의 밤을 무대로 삼은 「카바레」는 오락 성격이 강한 다른 뮤지컬 작품과 뚜렷이 구별된다. 나오는 사람들은 모두 힘없는 방관자들이다. 사회의 모순을 외면하거나 다른 곳으로 몸을 피하려고 한다. 또는 나치 행동대원 에른스트처럼 어디로 가는지도 모르고 시류에 편승하는 부나비 같은 존재이다.

게걸스러운 탐욕이 넘쳐 나는 도시, 벌거벗은 감각이 넘실대는 카바레를 배경으로 나치 시대의 암울했던 시대 분위기와 사랑 이야기를 전한다. 이를 통해 이데올로기가 가하는 억압, 진정한 사랑과 육체의 욕망, 개인의 삶과 사랑에 미치는 정치·사회의 역학 관계 따위의 사회성 깊은 주제 의식과 메시지를 전하고 있다.

■「헤어」[14]

대중을 상대하는 로맨틱한 장르이자 오락성이 강한 장르인 뮤지컬은 1960년대 「웨스트사이드 스토리」(1961)가 새로운 유행을 창조했고, 「헤어」에 이르러 록 음악과 만나 공연계를 강타했다. 이른바 록 뮤지컬이 탄생한 것이다.

1960~1970년대 미국 사회의 분위기를 반영하고 있는 「헤어」는 제임스 라도(James Rado, 1932~)와 제롬 라그니(Gerome Bernard Ragni, 1935~1991)가 대본과 노랫말을, 갈트 맥더멋(Galt MacDermot, 1928~)이 음악을 썼다. 이 작품은 1960년대 히피(hippie)*의 저항 문화와 성 혁명에 관한 이야기이다. 집시와 같은 삶을 살고 정치적으로 행동하며 베트남전쟁 징병을 반대하는 이들은 이른바 '물병자리 시대(Age of Aquarius)'**를 믿으며 기존

의 권위와 종교적 억압에 저항한다. 마약, 성 문제, 나체 장면 따위를 통해 당시 젊은이들의 문화를 있는 그대로 그려 냈을 뿐만 아니라 국기를 모독하고 국가 정책에 반대하고 저항하는 불온함 때문에 엄청난 논란을 불러일으키기도 했다. 관객을 무대로 불러 올려 함께 춤을 추고 즐기는 비-인(Be-In, 히피 집회) 피날레는 마치 우리나라 마당극의 난장과도 같다.

1967년 오프-브로드웨이의 조지프팝 공공 극장(Joseph Papp's Public Theater)에서 막을 올렸고, 1968년에는 브로드웨이로 진출하여 1,750회 공연(웨스트엔드 공연은 1,997회)했으며, 브로드웨이 원출연진이 녹음한 음반은 무려 300만 장이 팔리는 인기를 누렸다.

---

[*] 기성 가치관, 제도, 사회적 관습을 부정하며 인간성을 회복하고 자연과 직접 교감할 것을 주장하며 자유로운 생활을 추구하는 젊은이들을 일컫는 말이다. 1960년대 후반 미국에서 생겨나 전 세계로 퍼졌다.

^{**} 점성술에서 말하는 자유, 평화, 우애의 시대. 1960년대에 시작해서 2000년간 지속된다고 한다.

4. 1970~1980년대 : 뮤지컬, 혁명을 맞이하다

1970년대 텔레비전이 널리 보급되면서 뮤지컬은 안 그래도 영화에 빼앗긴 인기를 더욱 잃게 된다. 더구나 히피이즘(hippism)이 나타나고 베트남 전쟁에 반대하는 물결이 넘실거리면서 사랑, 우정, 애국 따위 보수성 짙었던 뮤지컬은 침체에 빠지게 된다.

그러나 이 시기에는 짙은 사회성을 띠면서 작품성도 뛰어나고 양식도 새로운 뮤지컬이 많이 제작되었다. 미국의 사법 제도와 천박한 자본주의를 비판하고 풍자한 「시카고」, 화려한 뮤지컬 무대에 서지만 그 누구도 이름을 기억해 주지 않는 무명 배우들의 애환을 오디션 형식으로 풀어낸 「코러스 라인A Chorus Line」(1975) 따위를 보기로 들 만하다. 특히 「시카고」의 음악은 베르톨트 브레히트의 오랜 파트너였던 쿠르트 바일의 영향이 곳곳에서 눈에 띄며, 서사극(epic theatre)의 흔적도 발견할 수 있다. 비어 있는 무대 세트, 가터벨트를 그대로 드러낸 의상 역시 서사극의 소외 효과(alienation effect)를 위한 장치이다.

> **서사극과 소외 효과**
> 보통 연극은 감정이입을 통해 관객들이 극에 몰입하게 만들지만, 서사극은 관객의 감정적인 반응을 차단하며 관객의 지성과 비판 의식에 호소한다. 이러한 목적을 이루기 위해 사용하는 소외 효과는 관객들이 연극에 공감하는 것을 막고 연극을 낯설게 보도록 함으로써 주제에 대해 지적인 판단을 내리도록 유도한다. 베르톨트 브레히트가 완성한 기법인데, 소격 효과라고도 한다.

1970년대에 이르러 「지저스 크라이스트 슈퍼스타」와 같은 대형 뮤지컬이 흥행에 성공하면서 미국과 영국의 전유물과 같았던 뮤지컬이 온 누리 사람들이 좋아하는 공연물로 자리 잡고 커다란 예술 산업으로 발전하게 되었다. 이 시기는 뮤지컬의 신경향인 콘셉트 뮤지컬(concept musical)이 나타난 시기이기도 하다.

1980년대는 뮤지컬의 원조를 자처하면서도 미국의 위세에 눌려 있던 영국이 뮤지컬의 왕좌에 다시 오른 때라고 할 수 있다. 앤드루 로이드 웨버(Andrew Lloyd Webber)의 위대한 작품뿐만 아니라 솜씨 좋은 제작자 캐머런 매킨토시(Cameron Anthony Mackintosh, 1946~)가 있었기 때문이다. 매킨토시가 제작한 앤드루 로이드 웨버의 뮤지컬들이 영국은 물론 미국 브로드웨이까지 점령했다.

어찌 보면 당연한 이야기이지만 미국의 제작자나 창작자들은 브로드웨이 무대에 오르는 것만을 성공이라고 여겼다. 세계 자본주의의 심장 미국, 그 가운데도 중심부인 뉴욕의 공연 산업계는 온 누리의 뮤지컬 무대를 휩쓰는 작품이라고 하더라도 브로드웨이에 오르지 않았다고 하면 시답지 않게 보는 경향이 있었던 것이다.

그러나 영국은 달랐다. 영국의 공연 산업과 캐머런 매킨토시는 돈만 된다면 세계 어느 곳이든 진출할 용의가 있었다. 유럽의 도시들은 장기 흥행 공연을 끌어오려고 애썼을 뿐만 아니라 앞다투어 공연장을 신축했으며, 이에 따라 건축 경기가 살아나고 관광객이 몰려들면서 지방 경제가 살아나기도 했다.

이 무렵 무대 공연 전에 발매된 콘셉트 앨범의 노래가 인기를 얻고 무대로 가는 일이 많아지기 시작했다. 공연이 성공하면 앨범 판매가 늘어나는 것은 당연한 일이다. 상승효과가 일어나는 것이다. 앤드루 로이드 웨버는 뮤지컬 공연뿐만 아니라 앨범 판매에서 얻는 인세로 미국 팝 시장에서도 큰 돈을 벌어들였다. 영국의 뮤지컬이 브로드웨이를 점령하자 미국의 언론은 '영국의 습격(English Invasion)'이라는 자극적인 큰 제목을 붙여 기사를 쓰고 호들갑을 떨었다. 그러나 미국의 공연 산업계가 '영국의 습격'을 받은 것이 1980년대가 처음은 아니었다. 1960년대에 더벅머리를 한 영국 리버풀 출신 비틀스(Beatles)가 미국 대중음악계를 강타했으며, 그 이전 1950년대와 1960년대 초반에는 「보이 프렌드*Boy Friend*」(1954), 「올리버*Oliver!*」(1963)[15], 「세상을 멈춰라, 나는 내리고 싶다*Stop the World–I Want to Get Off*」(1961)*와 같은 영국 뮤지컬이 브로드웨이로 쏟아져 들어갔다.

■ 컬트 뮤지컬 「로키 호러 쇼」[16]

엉뚱하고 황당하기까지 한 B급 문화는 낯설고 유치하고 어설프다. 그러나 B급 문화는 이른바 보수·정통 문화를 통렬하게 뒤엎고 엄숙하기만 한 기성세대에게 반항한다. B급 문화와 컬트(cult)** 문화가 겹치는 부분이 바로 이런 반항이다. 컬트 문화는 엄숙한 사회가 규정해 놓은 금기에 도전한다.

보기로 드는 「로키 호러 쇼」는 리처드 오브라이언(Richard O'Brien, 1942~)이 대본, 노랫말, 음악을 모두 맡은 작품이다. 공상과학 소설과 B급 영

---

* 우리나라에 잘 알려지지 않았지만 1963년 토니상 베스트 뮤지컬 부문을 수상한 작품이다. 여기에 나오는 노래 〈*What Kind of Fool Am I?*〉는 미국의 유명 코미디언 새미 데이비스 주니어(Samuel George "Sammy" Davis Jr., 1925~1990)가 음반으로 발표하여 큰 인기를 얻었다.
** 라틴어 *cultus*에서 유래한 단어로, '숭배'나 '제의(祭儀)'를 뜻한다. 컬트 문화에 참여하는 사람들은 즐기는 차원을 넘어 그들의 행위를 '집단 제의식'으로 승화하는 마음으로 참여한다.

화들을 짜깁기하여 겉보기에는 황당하고 가벼운 이야기처럼 보이지만 그 속은 가벼운 오락용 작품이 아니다. 금기의 장벽 너머에 있는 성(性)을 정면으로 끌고 나와 위선과 가식으로 가득 찬 세상을 통렬하게 조롱하고 인생의 의미와 목적에 대해 다시 한 번 생각해 보도록 하는 진지한 메시지를 담고 있는 작품이다.

1973년 런던의 로열코트 극장(Royal Court Theatre)에서 막을 올려 이브닝 스탠더드 어워즈(Evening Standard Awards) 베스트 뮤지컬상을 수상했다. 1974년 로스앤젤레스에서 열린 공연은 9개월 동안 흥행을 이어갔으나, 이상하게도 1975년 브로드웨이에서는 흥행에 실패하여 단 45회만 공연했을 뿐이다. 1975년 20세기폭스사에서 「로키 호러 픽쳐 쇼*The Rocky Horror Picture Show*」라는 영화로 만들기도 했지만 이 역시 실패했다. 관객들은 무관심했고 결국 2주 만에 막을 내려야 했다. 1920년대 유성영화가 등장한 이래 인기 있는 뮤지컬이 영화로 제작되는 것은 흔히 있는 일이다. 그러나 B급 영화를 모자이크 한 뮤지컬 「로키 호러 쇼」를 다시 영화로 만들자 생생한 재미가 사라진 것이다. 그런데 엉뚱한 일이 벌어졌다. 한물 간 영화로 전락하여 변두리 극장에서나 상영되던 이 영화에 사람들이 관심을 갖기 시작하면서 마니아가 생겨난 것이다. 이들은 영화를 보는 게 아니라 영화에 끼어들면서 마치 라이브 공연에 참여하듯 대사를 따라 외치고, 스크린을 향해 야유를 보내며, 함께 춤을 추는 등 스크린과 객석이 하나가 되었다. 나아가 매주 금요일마다 영화 등장인물의 의상이나 머리 모양을 따라 하는 이들이 모여들기 시작했다.

이와 같이 컬트 영화의 효시이자 컬트 영화의 본보기가 된 「로키 호러 픽쳐 쇼」는 뉴욕 웨이벌리 극장(Waverley Theatre)과 영국 프린스찰스 극장

(Prince Charles Theatre)에서 무려 10년 넘게 상영되는 진기록을 세우기도 했다.

■「시카고」[17]

가장 섹시한 뮤지컬이라는 「시카고」는 세간의 관심을 모았던 살인 사건 재판 기록에서 영감을 얻었다고 한다. 모린 댈러스 왓킨스(Maurine Dallas Watkins, 1896~1969)의 연극 「작고 용감한 여인*Brave Little Woman*」(1926)이 원작이며, 이 연극을 바탕으로 무성영화 「시카고」(1927)가 만들어졌다. 1942년에는 주인공의 이름

시카고의 밥 포스 거리

을 딴 「록시 하트*Roxie Hart*」라는 영화가 만들어지기도 했다.

뮤지컬은 존 칸더가 음악, 프레드 에브가 노랫말, 프레드 에브와 밥 포스가 대본을 썼는데, 밥 포스는 안무도 맡았다.

배경은 금주령 시대 시카고의 쿡카운티 교도소(Cook County Jail)이다. 살인을 저지른 보드빌 스타 벨마 켈리(Velma Kelly)와 역시 살인을 저지른 코러스 걸 록시 하트가 갇혀 있는 이 교도소는 쇼 비즈니스가 펼쳐지는 또 다른 무대이다. 잘만 되면 언론의 조명을 받고 석방되어 무대에 복귀할 수도 있다. 돈과 쾌락에 빠진 세태를 비판하기는커녕 특종만 쫓아다니며 싸움과 흥미를 북돋우고 선정적인 보도만 일삼는 언론에 대한 풍자도 날카롭다. 원작자인 왓킨스가 바로 기자였기 때문일 것이다. 살인을 저지르고도 스타가 되기를 꿈꾸는 주인공의 이야기가 어처구니없기도 하지

만 돈과 명예라면 무슨 일이든 저지르고, 돈만 있으면 뭐든지 가능한 자본주의의 천박성, 그리고 쾌락과 욕망에 휩싸인 당시 미국 사회의 현실에 공감할 수밖에 없다. 오늘날 우리 사회에서도 이런 일은 얼마든지 일어나고 있지 않은가.

밥 포스의 안무도 인상적이었다. 재즈 선율에 맞춘 농염한 안무와 의상이 관객의 눈길을 사로잡았다.

■「코러스 라인」[18]

마이클 베넷

콘셉트 뮤지컬의 최고봉으로 꼽히는 작품이다. 제임스 커크우드(James Kirkwood, Jr., 1924~1989)와 니컬러스 댄티(Nicholas Dante, 1941~1991)가 대본, 에드워드 클레반(Edward "Ed" Kleban, 1939~1987)이 노랫말을 쓰고, 마빈 햄리시(Marvin Frederick Hamlisch, 1944~2012)가 음악을 만들었으며, 마이클 베넷(Michael Bennett DiFiglia, 1943~1987)이 안무와 연출을 맡았다.

브로드웨이에서 주연이나 조연은 꿈도 못 꾸고 코러스 자리라도 따내려는 댄서 스물일곱 명이 치르는 오디션 이야기를 통해 미국 뮤지컬 시장의 자화상을 그린 이 작품은 침체한 뮤지컬 시장에서 먹고 살기 위해 분투하는 평범한 무용수들에게 연출가인 마이클 베넷이 보내는 찬사이다. 각기 살아온 배경이 다르고 개성 또한 뚜렷하지만 그들의 머리 위로 쏟아지는 찬란한 조명은 하나하나의 인생을 비추지 않는다. 무대의 일부분이 되어 한 덩어리로 움직이는 그들은 자신의 얼굴과 이름을 알리지 못한다.

그러나 그들 없이는 작품을 만들 수 없는 법이다. 그들에게 던지는 마이클 베넷의 시선이 따뜻하다.

몇 차례 워크숍을 거쳐 브로드웨이의 슈베르트 극장(Shubert Theatre)에서 개막한 이 작품은 여러 장르를 넘나드는 춤을 선보이며 전례 없는 성공을 거두었고, 토니상 9개 부문에서 상을 받았는가 하면 퓰리처상까지 거머쥐었다. 오로지 배우들의 몸만으로 승부를 걸었지만 「그리스」의 최장 공연 기록을 깼고, 1997년 「캣츠」가, 그리고 순수하게 미국에서 제작된 공연으로는 2011년 「시카고」가 깰 때까지 최장 공연을 기록했다.

■ 메가 뮤지컬

「레 미제라블」, 「캣츠」, 「오페라의 유령」, 「미스 사이공」 등 네 작품을 가리켜 흔히 뮤지컬 빅 4 또는 메가 뮤지컬(mega-musical)이라고 하는데, 모두 캐머런 매킨토시가 제작한 것이다. 이 가운데 「캣츠」와 「오페라의 유령」은 앤드루 로이드 웨버가, 「레 미제라블」과 「미스 사이공」은 클로드-미셸 쇤베르크(Claude-Michel Schönberg)가 음악을 썼다.

특히 영국의 뮤지컬 작곡가 앤드루 로이드 웨버는 오랜 짝인 팀 라이스(Tim Rice, 1944~)와 함께, 대사 중심이었던 뮤지컬을 음악이 중심이 되는

> **클로드-미셸 쇤베르크와 아르놀트 쇤베르크**
>
> 12음 기법과 무조음악 창시자인 아르놀트 쇤베르크(Arnold Schönberg, 1874~1951)와 성이 같고 둘 다 유대인이어서 그런지 클로드-미셸 쇤베르크가 아르놀트 쇤베르크의 손자라는 말이 돌았지만 두 사람 사이에는 혈연관계가 없다.

드라마로 바꿔 놓음으로써 뮤지컬 발전에 크게 기여했을 뿐만 아니라 상업적으로도 큰 성공을 거두었다. 「지저스 크라이스트 슈퍼스타」와 「에비타」 역시 그의 작품이다.

■ 위대한 이름, 앤드루 로이드 웨버

'뮤지컬의 황제'로 불린다. 스물두 살 때 팀 라이스와 함께 「지저스 크라이스트 슈퍼스타」를 만들었고, 역시 라이스와 함께 「에비타」를 성공시켰다. 뮤지컬 빅 4 가운데 「캣츠」와 「오페라의 유령」도 그가 작곡한 것인데, 두 작품은 미국의 위세에 눌려 있던 영국 뮤지컬을 되살리는 계기가 되었다.

그가 가장 큰 애착을 가진 작품 「오페라의

앤드루 로이드 웨버
출처 : premier.gov.ru

뮤지컬 빅 4의 같은 점과 다른 점

같은 점	제작자	캐머런 매킨토시			
	초연	웨스트엔드			
	의미	웨스트엔드가 브로드웨이를 제치고 뮤지컬 메카로 복귀하는 계기가 됨			
다른 점	작품	「캣츠」	「오페라의 유령」	「레 미제라블」	「미스 사이공」
	대본	T.S. 엘리엇	앤드루 로이드 웨버, 리처드 스틸고	클로드-미셸 숀베르크, 알랭 부브릴	클로드-미셸 숀베르크, 알랭 부브릴
	작곡	앤드루 로이드 웨버	앤드루 로이드 웨버	클로드-미셸 숀베르크	클로드-미셸 숀베르크
	작사	T.S. 엘리엇, 트레버 넌, 리처드 스틸고	찰스 하트, 리처드 스틸고	알랭 부브릴, 장-마르크 나텔(프) / 허버트 크레츠머(영)	알랭 부브릴, 리처드 몰트비 주니어

유령」은 당시 그의 아내였던 세라 브라이트먼(Sarah Brightman, 1960~)을 염두에 두고 만들었다고 한다.

□ 「지저스 크라이스 슈퍼스타」[19]

이 작품은 오페라와 마찬가지로 처음부터 끝까지 노래가 이어지는(성-스루) 록오페라(rock opera)이다. 예수가 예루살렘에 입성하여 십자가형을 받기까지 이레 동안 펼쳐지는 이야기인데, 예수를 슈퍼스타로 그린 것, 예수의 신성보다는 인간으로서 겪는 사랑과 고뇌를 그린 것 때문에 기독교인들의 분노와 비난에 맞닥뜨렸다. 신성모독을 이유로 들어 BBC는 방송을 금지하기도 했다.

줄거리는 4 복음서와 풀턴 신(Fulton J. Sheen)의 『예수의 생애*Life of Christ*』를 근거로 했으나 예수의 죽음보다는 복음서에 묘사되지 않은 예수와 유다의 정치 견해 차이와 갈등, 그리고 예수와 막달라 마리아의 사랑을 이야기하며 예수의 부활은 말하지 않는다. 오로지 유다의 눈으로 본 예수의 이야기, 예수의 가르침에 만족하지 못하는 유다의 슬픔에 초점을 맞추고 있다.

오리지널 앨범에서는 딥 퍼플(Deep Purple)의 이언 길런(Ian Gillan, 1945~)이 예수 역을, 이본 엘리먼(Yvonne Marianne Elliman, 1951~)이 막달라 마리아 역을 맡았다. 엘리먼은 브로드웨이 공연에도 기용되었다. 앨범은 1971년 빌보드 차트 1위에 올랐고 〈슈퍼스타*Superstar*〉와 〈어떻게 그를 사랑할지 모르겠어요*I Don't Know How to Love Him*〉가 큰 인기를 얻었다.

□ 「에비타」[20]

「지저스 크라이스 슈퍼스타」 이후 앤
드루 로이드 웨버가 오랜 동료인 팀 라이
스와 다시 손잡고 만든 작품이다. 뮤지컬
공연의 새 시대를 연 것으로 평가되는 이
작품 역시 성-스루 뮤지컬이다. 미국의
저명한 연출가 해럴드 프린스가 연출을
맡았다.

페론 부부

작품은 아르헨티나 대통령 후안 도밍
고 페론(Juan Domingo Perón)의 두 번째 부인이자 아르헨티나 국민들이 마
음속의 지도자로 존경하던 마리아 에바 두아르테 데 페론(María Eva Du-
arte de Perón, 애칭 에비타)의 장례식에서 시작된다. 에바의 어린 시절, 그
리고 권력과 인기를 향해 몸부림치는 에바의 삶을 이야기한다. 그러나 이
작품은 한 인물의 일대기를 그리는 데 관심이 있는 것이 아니라 화려하고
카리스마 넘치는 에바의 겉모습 뒤에 있는 에로티시즘과 권력에 대한 환
상을 다루고 있다. 에바에 대한 평가는 엇갈린다. 그이는 국가에 헌신하
며 노동자와 서민들을 위한 복지 정책을 내놓아 성녀라고 추앙받기도 한
다. 그러나 한편으로는 탐욕스럽고 냉혹한 정치인이며, 선심 정책으로 나
라의 살림살이를 피폐하게 만들고, 정치 자유를 억압한 악녀라고 비난받
기도 한다. 따라서 극이 어느 한쪽에 치우치지 않도록 균형을 잡아 주는
인물로 해설자인 체 게바라(Ché Guevara)*가 등장한다. 게바라는 시종 에

---

* 본명은 에르네스토 라파엘 게바라 데라세르나(Ernesto Rafael Guevara de la Serna, 1928~1967)이다.
  아르헨티나 출신이며, 피델 카스트로(Fidel Castro, 1926~)와 함께 쿠바 혁명을 성공시킨 사람이다. 이후
  볼리비아에서 게릴라전을 벌이며 바리엔토스 정권에 저항하다 피살된다.

바의 반대편에서 그녀를 비판하며, 그녀를 숭배하는 무리들을 향해 이건 쇼라고 일갈하기도 한다. 물론 이것은 허구이다. 게바라가 아르헨티나 출신이긴 하지만 에바를 만난 적은 없다.

이 작품도 「지저스 크라이스트 슈퍼스타」처럼 콘셉트 앨범이 먼저 발매되었으며, 1978년 런던 웨스트엔드에서 뮤지컬로 제작되어 로렌스 올리비에상 베스트 뮤지컬 부문을 수상했다. 1년 후에는 브로드웨이에서 상연되어 영국 작품으로는 처음으로 토니상 베스트 뮤지컬 부문을 수상했다. 1996년 제작된 영화에서는 당시 섹시 심벌인 마돈나(Madonna Louise Veronica Ciccone, 1958~)가 에바 역을 맡아 화제가 되기도 했다.

□ 「캣츠」[21]

포섬 아저씨(Old Possum)* T.S. 엘리엇(Thomas Stearns Eliot, 1888~1965)의 『현명한 고양이가 되기 위한 지침서(Old Possum's Book of Practical Cats)』 (1939)를 바탕으로 앤드루 로이드 웨버가 작곡한 작품이다. 안무는 질리언 바버라 린(Gillian Barbara Lynne, 1926~), 연출은 트레버 넌(Trevor Robert Nunn, 1940~)**이 맡았다.

그리자벨라(Grizabella)가 부르는 아름답기 그지없는 노래 〈*Memory*〉*** 를 비롯하여 허술한 틈새 없이 작품 곳곳에 완벽하게 녹아들어 가는 노래들도 멋지지만, 사실 이 작품은 음악보다 춤이 중심이다. 정밀한 고양이 분장과 의상, 그리고 고양이의 동작을 꼼꼼하게 분석하여 만들어 낸 배우

---

* 미국 시인 에즈라 루미스 파운드(Ezra Loomis Pound, 1885~1972)가 엘리엇에게 붙인 별명이다.
** 셰익스피어극 전문가로 음악 속에 이미 연극의 요소가 들어 있음을 알고 정극 무대에서도 이를 잘 활용하는 사람이다. 왕립셰익스피어극단(Royal Shakespeare Company)의 예술 감독이었다.
*** 「캣츠」의 노래 가운데 유일하게 엘리엇의 시와 무관하게 만들어진 노래이다.

들의 움직임과 안무는 보는 이들의 찬탄을 자아낸다.

영국의 로렌스 올리비에상과 미국의 토니상에서 모두 베스트 뮤지컬 부문을 수상했다. 런던에서는 무려 21년간, 브로드웨이에서는 18년간 상연되었다. 1998년 텔레비전 영화로도 제작되었다.

□「오페라의 유령」[22]

브로드웨이 역사상 최장기 공연으로 2012년 2월에 브로드웨이 1만 회 공연이라는 금자탑을 세운 「오페라의 유령」은 프랑스 작가 가스통 르루(Gaston Louis Alfred Leroux, 1868~1927)의 동명 소설(프랑스 명 : *Le Fantôme de l'Opéra*, 1909)을 바탕으로 만든 것이다. 그런데 이 소설을 각색하여 처음 무대에 올린 이는 앤드루 로이드 웨버가 아니라 영국의 작곡가 켄 힐(Ken Hill, 1937~1995)이다. 그는 여러 작곡가의 유명한 곡을 차용하여 이 뮤지컬을 만들었는데, 『데일리 텔리그래프*Daily Telegraph*』에 실린 이 공연의 비평 기사를 본 웨버가 영감을 얻어 만들게 되었다고 한다.

이 작품에서는 웨버의 오랜 동료 팀 라이스가 빠지고 리처드 스틸고

켄 힐의 「오페라의 유령」(1976)

힐은 베르디, 비제, 구노, 오펜바흐, 베버, 도니체티, 모차르트 등의 아름다운 오페라 아리아를 가져다 재기 넘치는 영어 노랫말을 붙였다. 원작의 배경이 된 19세기 파리의 오페라 하우스에서 연주되었던 노래들을 들려줌으로써 이야기의 배경을 살리고 싶어 했던 것이다.

(Richard Stilgoe, 1943~)가 쓴 노랫말을 찰스 하트(Charles Hart, 1961~)가 개작하였다. 웨버와 스틸고는 대본을 함께 썼다.

웨버는 '팬텀'을 매혹시킨 아름다운 소프라노 크리스틴 다에(Christine Daaé)를 둘러싸고 벌어지는 괴기스런 이야기를 애절한 사랑 이야기로 만들고 싶어 했다고 한다. 그리고 이런 의도를 잘 이해한 연출가 해럴드 프린스는 신체 장애가 불러온 팬텀의 왜곡된 성격과 집착에 가까운 사랑을 연출 콘셉트로 잡아 팬텀을 매력이 넘치는 신비스런 남성으로 그려 냈다.

1986년 런던 웨스트엔드 초연, 1988년 브로드웨이 공연으로 로렌스 올리비에상과 토니상에서 모두 베스트 뮤지컬 부문을 수상했다. 팬텀 역을 맡은 마이클 크로퍼드(Michael Crawford, 1942~)는 두 시상식에서 모두 최고 배우상을 받았다.

■ 클로드-미셸 쇤베르크

오늘날 영국과 미국 뮤지컬을 대표하면서 세계 뮤지컬을 대표하는 사람이 웨버와 손드하임이라고 하지만, 프랑스 작곡가 클로드-미셸 쇤베르크의 위상도 매우 높다.

〈첫발자국 Le Premier Pas〉(1974)

클로드-미셸 쇤베르크가 작곡하고 노랫말을 붙인 곡이다. 프랑크 푸르셀(Franck Pourcel, 1913~2000) 악단과 클로드 시아리(Claude Ciari, 1944~)의 기타 연주로 유명하다.

쇤베르크는 처음에 레코드 제작자이자 가수로 음악 활동을 시작했는데, 1980년 작사가 알랭 부브릴(Alain Boublil, 1941~)과 짝을 이루어 빅토르 위고(Victor Marie Hugo, 1802~1885)의 소설을 뮤지컬로 만든 대작「레미제라블」을 내놓았다. 그 후 1989년 웨스트엔드에서 막을 올린「미스사이공」이 로렌스 올리비에상을 받으면서 1991년 미국으로 진출해 토니상 10개 부문에 지명되어 남우 주연상, 여우 주연상, 남우 조연상 등 3개부문을 수상했다. 2013년 현재 브로드웨이 장기 흥행 공연 12위를 기록하고 있다.

□「레 미제라블」[23]

'불쌍한 사람들'이라는 뜻인「레 미제라블」은 1789년의 프랑스 대혁명을 무대로 한 빅토르 위고의 동명 소설을 각색한 것이다. 클로드-미셸 쇤베르크가 음악을, 프랑스어 노랫말은 알랭 부브릴과 장-마르크 나텔(Jean-Marc Natel, 1942~)이 썼다. 연출자 트레버 넌은 원작의 문학성과 두터운 질감을 잘 살려냈다.

이 작품은 뮤지컬의 기본 공식을 벗어난다. 뮤지컬에 필수 불가결하다고 여겨 온 흥겨움이나 오락 요소 없이 혁명기 민중의 슬픔과 고달픈 삶, 그리고 그 속에서 피어나는 인간애를 무대에 올려 성공한 것이다. 게다가 수십 년에 걸친 긴 이야기를 빠른 무대 전환을 통해 간결하게 전달하는 넌의 연출력도 돋보인다. 대사 없이 노래로만 진행되는 성-스루 뮤지컬이며, 오페라의 외형에 팝 멜로디를 입힌 완성도 높은 음악이 역사적 주제를 매우 인상 깊게 살려 냈다.

프랑스어로 된 콘셉트 앨범 《프랑스 혁명La Révolution Française》(1973)

이 먼저 나왔으며, 1980년 파리종합체육관(Palais des Sports)에서 첫 공연이 열려 흥행에 성공하지만 계약 기간 석 달이 끝나 금세 막을 내렸다. 1983년 헝가리인 젊은 연출자 페테르 파라고(Peter Farago)가 캐머런 매킨토시에게 앨범 복사본을 보내 영어 버전 제작을 요청하고, 매킨토시가 동의함으로써 우리가 지금 보는 영어판 공연이 시작되었다. 영어 대본은 허버트 크레츠머(Herbert Kretzmer, 1925~)가 맡았다. 영국 왕립셰익스피어극단(Royal Shakespeare Company)과 매킨토시가 제작하여 1985년 런던 바비칸아트센터(Barbican Arts Centre)에서 시연회를 열었으며, 이후 정식 개막한 뒤, 1987년 브로드웨이 공연이 열렸다.

잘 알다시피 굶주리는 조카를 위해 빵 한 덩이를 훔친 죄로 갇혔다가 거듭 탈옥을 시도한 끝에 형기가 늘어나 무려 19년 만에 세상에 나온 장발장(Jean Valjean)의 인생 유전은 혁명의 소용돌이 속에서 반전을 거듭한다. 딸을 먹여 살리기 위해 몸을 파는 여인 팡틴느, 팡틴느의 딸 코제트와 혁명가 마리우스의 사랑, 법과 제도의 수호자임을 자부하는 자베르 경감 등 주변 인물을 둘러싸고 벌어지는 저항과 혁명, 가난한 사람들의 죽음과 따스한 인간애를 그린다. 2012년 유니버설픽쳐(Universal Pictures)사가 영화로 제작했다.

□「미스 사이공」[24]

베트남전쟁을 배경으로 미군 병사 크리스(Chris)와 베트남 여인 킴(Kim)의 슬픈 사랑을 노래한 이 작품은 푸치니(Giacomo Puccini, 1858~1924)의 오페라 「나비 부인*Madama Butterfly*」(1904)을 뮤지컬로 바꾸어 놓은 것이다. 「나비 부인」의 배경을 전쟁이 막바지에 이르던 1970년대 베트남의 사이공으로 바꾸어 놓은 것만 다르다. 「레 미제라블」의 알랭 부브릴과 클로드-미셸 쇤베르크가 만들고, 니컬러스 하이트너(Nicholas Hytner, 1956~)가 연출한 걸작이다.

「미스 사이공」 포스터

1989년 9월 20일에 웨스트엔드의 로열드루어리레인 극장(Theatre Royal, Drury Lane)에서 초연되었다. 엄청난 제자비를 들여 만든 완벽에 가깝도록 생생한 무대가 유명하다. 그러나 전쟁을 겪었고, 지금도 미국의 영향력 아래 있는 한국인을 비롯한 아시아인의 시각으로 보면 이 작품은 불편하다. 프랑스계 베트남인인 엔지니어는 킴을 풀어 주는 대가로 미국행 비자를 요구하는 속물이다. 아시아 여성은 백인들의 성노리개일 뿐이며, 조국의 통일과 독립을 위해 투쟁하는 뚜이(Thuy)는 어린아이도 죽이려고 하는 악한이다. 에드워드 사이드(Edward Wadie Said)의 분석과 마찬가지로 아시아인은 세계의 주변부에 있으며, 인간도 시민도 아닌 서양 제국주의의 접수 대상으로 여겨질 뿐이다.

■ 콘셉트 뮤지컬

1970년대에 등장한 콘셉트 뮤지컬은 극 전체를 관통하는 줄거리가 미약하고 간단한 상황을 제시하면서 삽화가 나열된다는 점에서 레뷰라고 할 수 있다. 이야기 줄거리와 전개 방식이 중요한 기존 뮤지컬과는 달리 콘셉트 뮤지컬은 등장인물의 성격, 인물 사이의 관계, 음악적 구성을 중시한다. 음악 형식과 무대까지 콘셉트(또는 아이디어)에 따라 결정된다. 주연과 조연의 경계가 불확실하고 배역의 비중이 분산되어 있다. 따라서 각 인물은 고유한 멜로디, 리듬, 화성을 통해 자신의 성격과 내면을 나타내게 된다. 이러한 방식은 음악을 통해 인간의 내면을 표현해야 한다는 바그너의 생각과 비슷하다.

■스티븐 손드하임

현 세대에서 가장 위대한 음악가라고 해도 손색이 없는 손드하임은 '뮤지컬의 살아 있는 신', 현대 뮤지컬의 패러다임을 정립한 '뮤지컬의 혁명가', '브로드웨이의 마지막 자존심' 따위로 불리며 뮤지컬 작곡가와 배우들의 존경을 한 몸에 받는 사람이다.

손드하임은 처음에 작사가로 이름을 알렸다. 1957년 「웨스트사이드 스토리」의

스티븐 손드하임

노랫말을 맡았을 때 그를 눈여겨본 아서 로렌츠는 「집시」(1959)의 노랫말도 그에게 맡겼다. 그 뒤 「포룸으로 가는 길에 생긴 우스운 일A Funny Thing Happened on the Way to the Forum」(1962)로 뮤지컬 작곡가로 데뷔했는데, 그의 음악이 진가를 발휘한 것은 「휘파람은 누구나 불 수 있지Anyone Can Whistle」(1964)를 통해서였다.

손드하임의 음악은 반드시 개연성에 따라 진행되고 배치된다. 그의 음악에는 행동이 있으며, 인물 사이의 갈등이 있다. 말하자면 드라마를 반영하고 음악으로 이야기를 구성하는 것이다. 또한 그의 음악은 대중가요

나 뮤지컬에서 흔히 쓰는 대중가요 형식(AABA)이 아니다. 대중가요 형식이 익숙하고 편안한 형식이기는 하지만 그렇게 똑같은 얼개로 곡을 쓴다면 때마다 변하는 삶을 반영할 수 없다고 생각한 것이다. 따라서 손드하임의 음악은 귀에 익지 않고 낯설다. 불협화음이나 변박을 많이 사용하기 때문이다.

또한 작품마다 새 형식과 기법을 시도한 것으로도 유명하다. 「태평양 서곡*Pacific Overture*」(1976)에서는 일본 가부키 형식을 빌려 오기도 했고, 「조지와 함께 공원에서 일요일을*Sunday in the Park with George*」(1984)에서는 스타카토를 사용한 음악으로 점묘화를 그리는 화가를 그려 내기도 했다.

그는 운이 좋은 편이었다. 부유한 유대인 가정에서 태어나 음악을 공부했고, 오스카 해머스타인 2세를 스승이자 후원자로 모실 수 있었으니까 말이다.* 손드하임이 어느 날 해머스타인에게 자신이 쓴 「바이 조지*By George*」를 감수해 달라고 부탁한 적이 있다고 한다. 해머스타인의 평가는 냉혹했지만 해머스타인의 가르침은 손드하임에게 큰 영향을 미쳤다. 손드하임이 "그날 오후는 다른 사람들이 일생에 걸쳐 배울 것보다 더 많은 것을 배웠다."고 할 정도였다. 손드하임이 훗날 그의 작품을 여럿 연출한 해럴드 프린스를 만나게 된 것도 해머스타인이 대본과 노랫말을 쓴 「남태평양」 개막 공연이었다. 해머스타인은 뮤지컬에 관한 한 손드하임의 대부와도 같았던 것이다. 이렇듯 브로드웨이 뮤지컬을 정통으로 공부한 그였지만 그는 전통에 머무르지 않고 왕성한 실험 정신으로 뮤지컬의 신

---

* 손드하임은 해머스타인의 아들인 제임스와 같은 학교(George School)에 다녔다.

세계를 개척해 나갔다.

1979년 「스위니 토드Sweeney Todd」로 베스트 뮤지컬상을 받은 것을 비롯하여 토니상 8개 부문을 수상했고, 영화 「딕 트레이시Dick Tracy」(1990)로 아카데미 최고음악상을 수상했다.

□ 「일행」25

콘셉트 뮤지컬의 첫 번째 작품인 「일행Company」(1970)은 손드하임의 세 번째 작품이자 그를 뮤지컬 거장의 반열에 올려놓은 작품이다.

「일행」의 콘셉트는 현대 사회에서 결혼이라는 제도의 의미를 탐구하는 것이었다. 35살 된 로버트(Robert, 애칭 Bobby : 결혼은커녕 한결같은 관계에 전념하지 못하는 독신 남성)와 그의 절친한 친구인 다섯 부부, 그리고 로버트의 여자 친구 세 명을 통해 결혼의 의미에 대해 고민하는 내용이다.

콘셉트 뮤지컬은 결론을 내리지 않는다. 짧은 삽화 몇 개가 시간의 흐름과 상관없이 배열되고, 삽화를 통해 관객이 스스로 자신을 돌아보고 고민하며 결론을 내리도록 구성되어 있다. 자신들의 문제를 잊고 현실에서 달아나고픈 마음으로 극장을 찾는 이라면 이 뮤지컬이 불편할 수도 있다. 브로드웨이 극장의 주요 관객인 중산층에게 그들이 겪고 있는 결혼 생활의 문제점과 그 속에서 드러나는 결혼 제도에 대한 의심을 정면으로 들이대고 있기 때문이다.

조지 퍼스(George Furth, 1932~2008)가 대본을, 손드하임이 음악과 노랫말을 맡

해럴드 프린스

고 해럴드 프린스가 연출을 맡은 브로드웨이판은 토니상 14개 부문에 지명되는 기록을 세웠고, 6개 부문에서 수상했다.

□「스위니 토드」[26]

이 작품은 피 냄새가 물씬 나며 어둡고 음침하다. 그러나 반전이 거듭되는 이야기가 숨을 쉴 수 없게 만들며, 특히 인간이 인간을 먹어 치우는 설정은 자본주의 세계의 인간이 얼마나 황폐해지고 인간성을 잃어 가는지를 보여 준다. 베르톨트 브레히트와 같은 관점이다.

1973년 크리스토퍼 본드(Christopher Bond)의 연극 「스위니 토드, 플릿 가의 악마 이발사*Sweeney Todd, the Demon Barber of Fleet Street*」를 토대로 휴 휠러(Hugh Callingham Wheeler, 1912~1987)가 대본을 쓰고 스티븐 손드하임이 작곡, 작사했다.

그 밖에 연출가 제임스 라핀(James Elliot Lapine, 1949~)과 함께 만든 「조지와 함께 공원에서 일요일을」(1984), 「숲 속으로*Into the Woods*」(1987), 「열정*Passion*」(1994) 따위는 뮤지컬의 영역 확장 가능성을 증명한 것들이다.

「숲 속으로」는 요즘 음악 용어로 매시 업(Mash up)* 기법을 쓴 것이다. 우리 내면 깊숙한 곳에 숨어 있는 의식의 원형질이라 할 수 있는 옛 동화를 이리저리 엮어 개인과 사회의 관계를 탐구한다. 독일의 「신데렐라*Aschenputtel*」, 「라푼젤*Rapunzel*」, 「빨간 두건의 소녀*Rotkäppchen*」, 잉글랜드의 「재크와 콩나무*Jack and the beanstalk*」 따위를 재현하고 해체한다. 그

---

* 웹으로 제공하는 정보와 서비스를 융합하여 새 소프트웨어나 서비스, 데이터베이스 등을 만드는 것 또는 다른 곡 여럿을 조합하여 새 곡을 만들어 내는 것을 말한다. 최근 안데르센의 「눈의 여왕」을 모티프로 제작한 디즈니 애니메이션 「겨울 왕국」이 바로 이런 기법을 사용했는데, 독창성이 남다르고 작품성이 탄탄한 작품보다 입소문을 내기에 좋다.

리하여 동화가 말하는 교훈과 행복은 환상에 취한 현실도피일 뿐 삶이 그렇게 행복한 것은 아니라는 것을 이야기한다. 그래서 손드하임의 뮤지컬은 춤과 환상으로 가득 찬 웨버의 뮤지컬과는 상당히 다르다.

▫ 「열정」

『뉴욕 타임스』의 비평가 빈센트 캔비(Vincent Canby, 1924~2000)가 '매우 대담하고 가장 현대적인 뮤지컬'이라고 평가한 이 작품은 스티브 손드하임이 64세 되던 해에 플리머스 극장(Plymouth Theatre)에 올린 것이다. 손드하임이 노랫말과 음악을 맡고, 제임스 라핀(James Lapine, 1949~)이 대본을 쓰고 연출했다. 줄거리는 이탈리아의 이기니오 우고 타르케티(Iginio Ugo Tarchetti, 1839~1869)가 쓴 『포스카 _Fosca_』(1869)를 바탕으로 에토레 스콜라(Ettore Scola, 1931~)가 만든 영화 「사랑의 열정 _Passione d'Amore_」(1981)에서 가져왔는데, 1983년에 이 영화를 본 손드하임이 뮤지컬로 만든 것이다.

손드하임의 창작 원천은 외로움이다. 이 시대 음악인 가운데 최고로 꼽히지만 동성애자이며 유대인인 데다가 어린 시절 부모가 이혼한 기억이

클라라(Clara)와 포스카(Fosca)

적대 관계인 두 인물은 이름, 외모, 성격이 모두 반대로 설정된다. 클라라는 '밝음', '명성'이라는 뜻을 지닌 라틴어 클라루스(clarus)에서 비롯된 이름이다. 아름다운 육체와 밝은 성격을 지닌 여인이다. 포스카는 머리나 피부색이 '어둡고 거무튀튀하다'는 뜻인 푸스쿠스(fuscus)에서 비롯된 이름이다. 외모는 추하고 성격이 어두우며 아프기까지 하다. 그러나 조지오는 클라라가 아닌 포스카, 곧 '빛'이 아닌 '어둠'이 보여 준 사랑 속에서 진실한 사랑의 의미를 깨닫게 된다.

그의 정서를 지배하고 있다. 주인공 포스카는 손드하임의 이런 내면과 많이 닮아 있다. 이성의 관심을 끌기 어려운 외모를 지닌 여성이지만 내면은 순수하다. 많은 상처를 지니고 있지만 깊고 냉철하며 맑은 영혼을 지니고 있으며, 한편으로는 홀로 선 외로움을 느끼는 인물이다.

이 뮤지컬은 사랑 이야기지만 낡은 이야기가 아니며 사랑의 본질에 대해 참으로 진지하게 묻고 있다. 손드하임은 이 작품이 말하고자 하는 바에 대해 이렇게 설명했다. "한 사람의 감성이 어떻게 다른 이의 마음을 열수 있으며, 이 냉혹한 세상에 어떻게 따스한 사랑과 생명을 불어넣을 수 있는지"에 대한 이야기라고.

포스카의 사랑은 이유가 없다. 클라라(Clara)와 조지오(Giorgio)가 서로 사랑하는 사이인 줄 알면서도 그녀는 끝없이 사랑을 구할 뿐이다. 진정한 사랑은 죽음에 이를 정도로 깊은 상처가 되고 남아 있는 사람에게도 깊은 상처를 남기지만 이렇게 육체와 정신을 무너뜨리는 사랑이야말로 삶을 성찰하게 만든다.

이 작품은 화려한 무대장치나 열정 넘친 춤도 없고, 감동을 주는 노래도 없다. 그러나 뛰어난 작품성을 인정받으며 토니상의 베스트 뮤지컬, 대본, 음악 부문을 수상하였다. 토니상의 베스트 뮤지컬 부문 역대 수상작 가운데 최단 공연 작품이기도 하다.

5. 1980년대 이후 : 뮤지컬, 또 다른 도전을 시작하다

귀족의 전유물이었던 오페라세리아에 대한 반동으로 오페레타가 나타난 이래 일정 부분 그 영향을 받으면서 성장한 뮤지컬은 당연히 평민 또는 시민계급의 오락거리였다. 그리고 오늘날의 뮤지컬은 그 대중성에 있어서 오페라를 비롯한 클래시컬 장르를 뛰어넘은 지 오래이며, 음악 수준과 형식에서 오페라에 도전하고 있다. 뒤늦게 탄생한 뮤지컬이 이렇게 성장할 수 있었던 까닭은 무엇일까.

무엇보다도 뮤지컬은 평범한 대중의 삶을 소재로 하여 폭넓은 공감을 끌어낼 수 있기 때문이다. 도덕과 윤리를 뒤집어 쓴 추악한 뒷모습을 통렬히 조롱하고 팍팍한 삶에 지친 대중을 위로한다. 또 다른 이유는 뮤지컬이 오페라가 포기 또는 방기한 '총체극' 개념에 가장 가까운 장르이기 때문이기도 하다. '종합예술'의 가치와 의미를 뮤지컬에서 찾고자 하는 것이다.

뮤지컬의 양대 산맥이라 할 수 있는 브로드웨이 뮤지컬과 웨스트엔드를 중심으로 한 유럽 뮤지컬은 뿌리를 공유하고 있으면서도 사뭇 다르다. 오늘날 유럽 뮤지컬이 음악과 양식면에서 오페레타를 크게 벗어나지 않고 있는 데 비해 브로드웨이 뮤지컬은 유럽식 오페레타에 대한 반발의 산물이다. 재즈를 비롯한 다양한 대중음악이나 민속음악을 적극 수용하면서 대중 속에서 찾아낸 소재와 주제에 대해 풍자와 해학으로 접근한다.

미국은 제1차 세계대전과 대공황, 그리고 다시 벌어진 전쟁을 이겨 내면서 세계 최강국으로 떠올랐지만, 팍스 아메리카나(Pax Americana, 미국이 주도하는 세계 평화)의 영광은 빛을 잃어 가고 있다. 브로드웨이도 마찬가지이다. 이미 웨스트엔드에게 주도권을 넘겨주었고, 창의성 넘치는 뛰어난 뮤지컬은 점점 줄어들고 있다. 영화를 각색한 작품이나 주크박스 뮤지컬이 무대를 채우고 있을 뿐이다. 영국과 미국을 석권한 거장 앤드루 로이드 웨버의 시대는 저물고 있으며, 클로드-미셸 쇤베르크나 알랭 부브릴 같은 사람도 보이지 않는다. 이제 뮤지컬의 미래는 어떻게 될 것인가. 관습의 늪에서 허우적대다 죽어 화석이 되어 버릴 것인가, 아니면 다시 한 번 르네상스를 맞이할 것인가.

■「드림걸스」[27]와 소울

톰 이언(Tom Eyen, 1940~ 1991)이 대본과 노랫말을, 헨리 크리거(Henry Krieger, 1945 ~)가 음악을 쓴 작품으로, 모타운 사운드(Motown Sound)* 가 브로드웨이 무대에 진출

슈프림스

했다는 점에서 의미가 있다. 마이클 베넷이 연출과 공동 안무를 맡았다.

이 작품은 다이애나 로스(Diana Ernestine Earle Ross, 1944~)가 몸담았던 슈프림스(The Supremes)를 모델로 만든 게 분명한 드림스(The Dreams)라는 여성 트리오의 성공 이야기를 따라가고 있다.

....
* 모타운은 자동차의 도시 디트로이트의 별명인 '모터 시티'(Motor city)에서 비롯된 '모터 타운(Motor Town)에서 이름을 가져온 음반 제작 회사인데, 모타운 레코드가 남다르게 창조한 사운드 스타일을 모타운 사운드라 한다. 팝 음악의 영향을 뚜렷이 받아 발랄한 멜로디와 약간 빠른 리듬이 특징이다. 팝과 리듬앤드블루스 또는 소울이 섞여 있어서 흑인 음악의 색깔이 옅어 백인들도 거부감 없이 받아들였다.

■존 칸더와 프레드 에브

브로드웨이 뮤지컬의 또 다른 걸작으로 꼽히는 「거미 여인의 키스 *Kiss of the Spider Woman*」(1992)는 뮤지컬이 상연되기 전에 이미 연극과 영화로도 만들어진 바 있다. 아르헨티나 작가 마누엘 푸이그(Manuel Puig, 1932~1990)의 소설 『거미 여인의 키스*El Beso de la Mujer Araña*』(1976)를 바탕으로 테렌스 맥널리(Terrence McNally, 1938~)가 대본을 썼다. 감옥을 무대로 하는 이야기의 특성상 연극 느낌이 강하다.

40년 이상 공동으로 작업하면서 「카바레」, 「시카고」 따위의 음악과 노랫말을 쓴 존 칸더와 프레드 에브의 작품은 진지한 메시지와 주제 의식으로 가득 차 있다. 그래서 이들의 작품은 다른 뮤지컬에서 찾기 어려운 지적 만족감을 준다. 뮤지컬을 단순한 오락으로 보지 않는 이런 태도는 쿠르트 바일이 미친 영향이 크기 때문이다. 칸더와 에브는 「카바레」를 제작하면서 바일의 작품을 깊이 연구했다. 그리고 바일의 부인인 로테 레냐(Lotte Lenya, 1898~1981)를 슈나이더 부인 역으로 기용한 것도 바일의 영향이 크다는 것을 말하고 있다.

칸더는 에브와 함께 1998년 케네디 센터 명예상(Kennedy Center Honors)을 받기도 했다.

□「거미 여인의 키스」[28]

동성애자 몰리나의 감방에 정치범 발렌틴이 들어오면서 벌어지는 갈등과 이해, 우정과 사랑 이야기를 그리고 있다.

감옥이라는 닫힌 공간은 삭막하고 잔인하다. 현대사회와 다르지 않다. 그러나 이성애자인 발렌틴을 사랑하기에 그를 위해 일하다 목숨을 잃는 몰리나를 두고 동성애를 혐오하고 비난할 수 있을까. 동성애가 틀린 것이 아니라 다만 이성애와 다른 사랑의 방식일 뿐이다. 참으로 가슴 시린 소수자의 사랑 이야기이다.

■더 후의 록 뮤지컬 「토미」[13]

피터 톤젠드(Peter Dennis Blandford "Pete" Townshend, 1945~)가 주도한 영국의 록 밴드 더 후(The Who)의 더블 앨범인 ≪토미Tommy≫(1969)를 기초로 데스먼드 맥아너프(Desmond McAnuff, 1952~)가 연출한 록 뮤지컬이다.

록 음악의 역사를 바꾼 것으로 평가되는 앨범 ≪토미≫는 발표 이후 연극 요소를 더하면서 콘서트 형식으로 공연되었으며, 영화로도 제작되었다. 1993년 브로드웨이에서 극장용 뮤지컬로 제작되어 그해 토니상을 휩쓸었다.

이 작품은 아버지가 살인을 저지르는 장면을 목격한 충격에서 벗어나지 못하는 토미의 심리 상태와 그를 둘러싼 주변 사람들의 잔혹함을 그리고 있다. 극 전체가 모자이크처럼 토막토막 진행되면서 주는 인상이 강렬하다. 이 작품은 록 음악만으로 극을 이끌어 간다는 것은 상상하기조차 어렵다는 편견을 깨고 완벽에 가까운 뮤지컬을 연출해 내어 가장 미국다운 록오페라로 평가받고 있다.

■조너선 라슨

조너선 라슨(Jonathan Larson, 1960~1996)은 날카로운 사회 논쟁을 작품에 반영하는 작가였다. 그 전형적인 보기가 바로 브로드웨이를 뒤흔든 뮤지컬 「렌트Rent」(1996)[29]이다. 이는 푸치니의 오페라 「라 보엠La Bohème」

(1896)*의 현대판이라고 할 수 있는 작품이다. 프랑스혁명이 일어나기 직전인 파리를 배경으로 가난한 예술가와 철학자의 이야기가 펼쳐지는 「라보엠」의 무대를, 거칠고 시끄러우며 가난, 마약, 에이즈가 넘쳐나는 1990년대 뉴욕으로 바꾼 이 작품에는 라슨의 경험이 진하게 녹아 있다. 젊고 가난한 미술가와 음악가 그룹이 에이즈의 그늘 아래 생존 투쟁을 벌이며 창작 활동을 이어 나간다는 이야기 속에서 우리 시대의 희망과 좌절을 그리고 있다. 다음 쪽의 표는 「라 보엠」과 「렌트」의 등장인물이 어떻게 겹치는지 정리한 것이다.

라슨은 자라면서 엘튼 존, 비틀스, 도어스, 더 후, 빌리 조엘 따위 대중음악의 영향을 많이 받았으며, 특히 스티븐 손드하임의 후원을 받기도 했다. 손드하임처럼 라슨도 유대인이었으며, 손드하임은 그를 위해 여러 곳에 추천서를 써 주었다고 한다.

손드하임이 인정할 정도로 재주가 뛰어난 라슨이었지만, 그의 인생은 고달팠다. 「렌트」가 무대에 오르기 얼마 전까지만 해도 뉴욕에서 가장 허름한 동네에 살면서 주말에는 술집 웨이터로 일하고 주중에는 작곡을 하고 뮤지컬 대본을 쓰며 몸부림쳤다. 「렌트」는 라슨의 자서전과도 같다. 주변 친구들이 에이즈로 쓰러져 가던 일, 추위를 피하기 위해 불법인 화목난로를 쓰던 일, 4년간 사귀던 여자 친구와 헤어지고 다시 만나기를 반복하던 일은 「라 보엠」에서 죽어 가는 미미(Mimi), 땔감이 없어 원고 뭉치를 난로에 집어넣는 시인 로돌포(Rodolfo), 화가 마르첼로(Marcello)가 헤어진 옛 연인 무제타(Musetta)를 술집에서 보게 되는 장면과 겹친다.

....

* 보헤미안이라는 뜻이다. 1896년 2월 1일 토리노의 레지오 극장(Teatro Regio)에서 토스카니니(Arturo Toscanini, 1867~1957)의 지휘로 초연되었다.

「렌트」에 나오는 인물들은 하나같이 소수자이다. 모두 가난하며, 누구는 에이즈에 시달리고 마약 중독자이며, 누구는 레즈비언이고, 또 한 사람은 무정부주의자이다. 그러나 이들은 살기 위해 힘을 모으고 유혹과 권력에 맞서 함께 싸우며 서로 사랑한다. 이들이 이겨 내야 할 것은 가난과 질병만이 아니다. 서로 사랑하지만 다투고 헤어지고 다시 만나고, 사랑하는 사람의 죽음 앞에 눈물 흘리기도 한다.

하드록뿐만 아니라 가스펠, 리듬앤드블루스와 같은 흑인 음악, 그리고 살사, 레게, 탱고와 같은 라틴 리듬까지 여러 가지 음악이 동원된 이 작품은 워크숍 공연부터 입소문이 퍼졌고, 마침내 1996년 4월에는 브로드웨

「라 보엠」과 「렌트」의 등장인물 비교

「라 보엠」		「렌트」	
미미 (Mimì)	재봉사, 결핵 환자	미미 (Mimi Márquez)	무용수, 에이즈 환자
로돌포 (Rodolfo)	시인	로저 (Roger Davis)	작곡가, 에이즈 환자
마르첼로 (Marcello)	화가	마크 (Mark Cohen)	독립 영화 제작자, 유대인
무제타 (Musetta)	가수	모린 (Maureen Johnson)	공연예술가, 레즈비언
쇼나르드 (Schaunard)	음악가	엔젤 (Angel Dumott Schunard)	타악기 연주자, 여장 남자, 에이즈 환자
콜리느 (Colline)	철학자	톰 (Tom Collins)	대학 시간강사, 무정부주의자, 게이, 에이즈 환자
알친도로 (Alcindoro)	의원	조앤 (Joanne Jefferson)	변호사, 레즈비언(일부는 마르첼로 의 캐릭터를 빌려 옴)
베누이트 (Benoit)	집주인	베니 (Benjamin 'Benny' Coffin III)	집주인

「렌트」가 초연된 네덜랜더 극장

이의 네덜랜더 극장(Nederlander Theatre)에서 막을 올리게 된다. 「헤어」이후 록 뮤지컬로는 최고라는 찬사를 받으며 2008년 9월까지 12년에 걸쳐 장기 흥행했지만 라슨은 역시 운이 없었다. 1996년 1월 25일 오프-브로드웨이에서 「렌트」 시연회가 열리기 전날 대동맥박리증으로 갑자기 세상을 떠난 것이다.

이 작품은 브로드웨이에서 평론가들의 격찬을 받으며 토니상을 비롯한 수많은 상을 휩쓸었다. 2005년에 뮤지컬 초연 배우들을 기용하여 영화로도 제작되었다.

■ 디즈니사의 등장

최근에는 다양한 패러디물이 나오고 여러 장르에 걸친 크로스오버가 이루어지면서 장르나 형식 구분이 모호해지고 있는 한편 뮤지컬의 대형

화, 상업화가 활발히 일어나고 있다. 만화영화로 유명한 디즈니사는 자사가 보유한 수많은 원작과 풍부한 자금력을 바탕으로 뮤지컬 산업의 강자로 떠오르고 있다.

「라이온 킹*Lion King*」(1997)[30]은 브로드웨이 뮤지컬에 등장한 첫 가족 장르이며, 타임스퀘어 일대를 안팎으로 바꾼 작품이다. 복잡하고 지저분하다는 오명을 안고 있던 타임스퀘어가 오늘날 관광 명소로 되살아나는 데

좌석 등급

좌석 등급은 보통 VIP(Very Important Person), R(Royal), S(Special), A(Average)로 구분하며, 위아래로 등급을 더 두기도 한다.

할인 티켓

때에 따라 티켓 값을 깎아 주기도 한다. 외국은 모든 좌석 등급에 할인율을 적용하지만 우리나라는 낮은 등급 좌석에만 할인율을 적용한다.

할인 티켓 종류	할인 방법
회원 티켓	후원 회원이나 출연 배우의 팬클럽 회원들에게 특별 할인한다.
학생 티켓	학생을 위한 할인 티켓이다.
입석 티켓	극장 맨 뒤에서 서서 관람할 수 있는 티켓. 외국은 매진 여부와 상관없이 판매하지만 우리나라는 매진됐을 때에만 판매한다.
러시 티켓 (Rush Ticket)	점심시간처럼 한정된 시간에 선착순이나 추첨을 통해 판매하는 할인 티켓이다. 수량이 한정되어 있다.
로터리 티켓 (Lottery Ticket)	공연 시작 전에 응모한다. 추첨을 통해 당첨되면 싼값으로 앞자리 좌석을 배정받을 수 있는 제도이다. 발표를 기다리는 동안 설레는 마음, 당첨되는 순간의 짜릿함도 즐길 수 있다. 당첨되면 신분증을 확인하는데 값은 현금으로 치른다.

「라이온 킹」의 공헌을 무시할 수 없다.

　한편 추첨으로 싼값에 앞자리를 차지할 수 있는 로터리 티켓(lottery ticket) 제도도 이때부터 시작됐다고 한다.

Chapter 03

All About The Musical　뮤지컬 산책

뮤지컬 만들기

1. 뮤지컬 만들기-원칙

여기에서 제시하는 원칙은 뮤지컬뿐만 아니라 다른 공연예술에도 모두 해당되는 원칙이다. 준비와 제작이 힘들면 항상 기본과 원칙으로 돌아가라. 기본과 원칙은 예술 작품뿐만 아니라 모든 일을 밀고 나가는 힘이다.

중소 뮤지컬 제작사 가운데는 자금이 없다는 핑계로 어설픈 작품을 무대에 올렸다 관객들로부터 외면 당하고 결국 문을 닫는 상태에 이르는 경우도 있다. 그러나 돈이 핑곗거리가 되어서는 안 된다. 돈이 중요한 조건 가운데 하나인 것은 맞지만 돈이 없기 때문에 어쩔 수 없다는 것은 부족한 준비에 대한 핑계에 지나지 않는다. 결코 싸지 않은 표를 사고 관람하는 관객에게 고작 엠알(MR, 녹음 반주)이나 립싱크를 들려준다는 것은 아무리 좋게 생각해도 준비가 안 되었다고 볼 수밖에 없으며, 이는 관객에 대한 예의가 아니다. 수익만 노리고 뮤지컬에 뛰어들어서는 결코 성공할 수 없다. 중요한 것은 최고를 보여 주겠다는 정성과 열정이다.

■ 기본에 충실하라

뮤지컬은 철저히 대중지향적이고 철저히 상업적이어야 한다. 그렇다고 해서 예술성이 중요하지 않다는 말은 결코 아니다. 예술성을 무시하지 않으면서도 대중의 입맛을 맞출 수 있어야 살아남을 수 있는 것이다. 대중의 입맛에 맞추어 재미와 오락거리를 주고 흥행에 성공해야 한다는 원칙은 기본 가운데 기본이다.

■ 콘셉트를 정확히 잡아 밀고 나가라

콘셉트는 작품의 기본 방향이다. 작품의 콘셉트를 정확히 잡아내고, 그것이 잘 드러나도록 해야 우왕좌왕하지 않고 주제에 도달하며 감동을 높일 수 있다.

콘셉트를 정확히 잡기 위해서는 작품에 대한 철저한 연구가 필요하다. 연출자를 비롯한 창작팀이 끊임없이 머리를 맞대고 작품의 내용과 주제에 공감하는 것이 필요하다는 말이다. 공연이 연습으로만 준비되는 것은 아니기 때문이다.

■ 다시 보고 싶은 공연을 만들어라

재미는 있어도 감동이 없는 공연은 결코 성공했다고 할 수 없다. 몇 시간 동안 신나게 웃었지만 가슴에 여운이 남지 않는 공연이라면 비싼 표값을 내고 다시 보러 갈 이유가 없다. 관객의 가슴을 깊이 울리는 감동이 있어야 두 번 세 번 다시 찾아오게 되고 주변 사람들에게 끊임없이 권하는 공연이 되는 것이다.

공연 자체에서 오는 감동이 가장 중요하지만 작은 서비스 하나도 관객을 감동시킬 수 있다. 이것은 뮤지컬을 만드는 사람들이 끊임없이 연구하고 개발해야 할 몫이다. 관객을 배려하는 공연, 관객의 참여를 유도하고 그들의 의사를 존중하며 관객과 호흡하는 공연, 관객과 소통하는 방법을 찾아야 할 것이다.

꾸준한 업그레이드로 신선함을 유지하고 경쟁력을 높여 나가야 하는 것은 물론이다.

2. 뮤지컬 만들기의 3단계

뮤지컬은 프리 프로덕션(pre-production, 사전 준비), 프로덕션(production, 제작 및 공연), 포스트 프로덕션(post-production, 결산과 평가)이라는 3단계를 거쳐 제작한다.

■ 첫째 단계 : 프리 프로덕션

프리 프로덕션 진행 순서

□ 소재 찾기

뮤지컬의 소재는 여러 곳에서 가져올 수 있다. 창작한 것일 수도 있고, 소설을 각색하거나(「맨 오브 라만차」 등) 전설을 소재로 삼기도 한다(「캐멀롯」 등). 연극을 바탕으로 삼거나(「헬로, 돌리!」 등) 영화를 각색할 수도 있다(「빌리 엘리엇」 등). 또는 역사 속 실존 인물과 사건에서 채택하기도 한다(「에비타」 등). 그런가 하면 성공한 뮤지컬을 영화로 만들기도 한다. 「사운드 오브 뮤직」, 「웨스트사이드 스토리」, 「마이 페어 레이디」, 「시카고」 따위가 여기에 해당된다.

이와 같이 뮤지컬의 소재는 널리고 널려 있지만 중요한 것은 뮤지컬로 만들기에 좋은 소재를 선택하는 것이다. 뮤지컬의 소재를 찾아내고 선택하는 데에도 요령이 있다. 첫째, 고전, 문학 작품, 전설, 민담, 설화에서 소재를 발굴하여 각색하는 것이다. 이러한 소재들은 익숙한 이야기이기 때문에 위험 부담이 적을 뿐만 아니라 청중이 공감할 수 있는 다양한 이야기로 변주할 수 있다는 장점이 있다. 둘째, 무대 뒤편인 백스테이지(back stage)도 좋은 소재가 된다. 백스테이지는 일반인들이 매우 궁금해하는 장소이기 때문에 관객들의 호기심을 끌어낼 수 있을 뿐만 아니라 쇼 비즈니스의 이면, 공연 중 발생하는 기이하거나 우연한 사건 속에서 일어나는 갈등, 사고, 수습 과정, 반전 등이 좋은 소재가 될 수 있다. 셋째, 실존 인물의 일대기를 채택할 수 있는데, 이런 뮤지컬은 특별히 전기(傳記) 뮤지컬이라 한다. 다만 인생 전체를 뮤지컬화한다면 너무 길고 따분하기 때문에 인생 행로 중 겪은 여러 사건 가운데 드라마틱한 소재를 찾아내 극으로 만드는 것이 좋다.

한편 피해야 할 소재도 있다. 첫째, 너무 복잡하거나 형이상학적인 소재는 맞지 않는다. 왜냐하면 뮤지컬은 노래와 춤으로 이야기를 끌고 나가기 때문이다. 이런 소재는 연극에 더 잘 어울릴 것이다. 둘째, 낡은 주제는 피해야 한다. 예를 들어 '여성 해방'은 과거에는 화제를 불러일으킬 만한 주제였지만 지금은 그렇지 않다. 셋째, '환상'은 뮤지컬에 잘 어울릴 것 같지만 실제로는 그렇지 않다. 기술적으로 구현하기 어렵기 때문이다. 넷째, 당연한 이야기이지만 평범한 소재는 피해야 한다. 평범해 보인다고 할지라도 풍부한 이야기와 재미를 담을 수 있는 소재라면 괜찮다. 다섯째, 창작 아이디어를 쓸 수도 있지만 작품 전체를 완전히 새로운 이야기로 창작하는 것은 위험 부담이 따른다. 제작자나 투자자는 위험을 감수하려 하지 않는다. 게다가 사람들은 익숙한 이야기, 좋아하는 이야기를 끊임없이 듣고 싶어 한다. 따라서 고전을 각색하는 것이 좋다.

셰익스피어의 작품을 각색한 뮤지컬

셰익스피어 원작	뮤지컬
실수연발	더 보이즈 프롬 시러큐스(1938) (The Boys from Syracuse)
	오, 브라더!(1981) (Oh, Brother!)
말괄량이 길들이기	키스 미, 케이트(1948)
로미오와 줄리엣	웨스트사이드 스토리(1957)
	로미오와 줄리엣(2001)
	팬터스틱스(1960)
베로나의 두 신사	베로나의 두 신사(1971)
햄릿	라이온 킹(1997)
십이야	올슉업(2004) (All Shook up)
	유어 오운 싱(1968) (Your Own Thing)
	플레이 온!(1996) (Play On!)

□ 배경과 시대 설정

배경(tone)과 시대는 고전을 각색하거나 전기 뮤지컬을 제작할 때 반드시 살펴봐야 하는 요소이다. 작품의 내용은 시대의 진실과 들어맞아야 하고, 배경, 곧 작품의 분위기가 일관성을 유지해야 한다.

시대의 진실과 들어맞는다는 것이 사실주의를 말하는 것은 아니다. 뮤지컬은 사실주의보다는 낭만적 공연물이기 때문이다. 사실성을 강조한다고 해서 그 시절의 노래로 막을 여는 것은 김빠지는 일이다. 관객들을 작품 속으로 끌고 들어갈 수 있는 매혹적인 서곡을 배치해야 하며, 배경을 살릴 수 있는 노래가 필요하다. 배경의 일관성이 깨지면 연극적 환상도 깨져 버리기 때문에 작업에 참여하는 모든 사람들이 배경에 합의하고, 소재를 검토하며, 작업할 때에도 일관성을 유지하도록 애써야 한다.

□ 주제와 콘셉트

주제와 콘셉트는 당대성을 갖추어야 한다. 오늘날의 관객이 공감할 수 있는 것이라야 한다는 것이다. 특히 고전, 전설, 민화 따위를 각색할 때 더욱 조심해야 한다. 그렇다고 유행을 따라가려고 해서는 안 된다. 유행은 하루아침에도 변하는 것이어서, 기획 단계에서 참신해 보이는 것일지라도 공연을 올릴 때에는 이미 낡은 것이 되어 버릴 수도 있기 때문이다.

따라서 다가올 유행을 예측하되 지나치게 앞서 가려고 하기보다는 앞으로 일어날 사회적 이슈를 감지해야 한다. 창작자들이 정치, 사회, 경제에 무심해서는 안 되는 까닭이다.

□ 공연저작권 확보

소재가 채택되면 가장 먼저 원작에 대한 공연저작권을 확보해야 한다. 저작권 유무를 반드시 확인해야 하며, 저작권이 소멸된 경우라도 여러 팀에서 같은 소재를 이용할 수 있으므로 공연계의 동향을 면밀하게 파악하고 있어야 한다. 때로 작품 제작 가능성을 알아보기 위해 또는 작가, 작곡가, 작사가의 능력을 알아보기 위해 시험 극작을 하는 경우가 있는데, 이

때도 저작권자의 허가나 사전 양해가 필요하다. 로열티를 지불해야 할 때도 있으며, 양해만으로 가능할 때도 있다.

한편 선택매매권(option)이라고 하여 원작을 이용하는 데 기간을 제한하는 때도 있다. 저작권자가 작품의 장래성이나 제작자에 대해 확신할 수 없을 때 행사한다.

공연저작권이 확보되면 뮤지컬의 장르를 결정하고 작품의 콘셉트를 잡아 열 줄 정도로 간단히 이야기를 정리해 둔다.

□ 동기 확인과 사업 구상

왜 이 작품을 제작하려고 하는지 제작 목적을 확인하는 것이다. 목적이 불분명하면 작품을 계속해야 할 까닭이 없어지고, 결국 제작 동력이 떨어지게 된다.

동기와 목적이 확인되면 작품을 제작하는 데 살펴볼 것들을 뽑아 따져 보아야 한다. 공연 시기, 공연 장소, 제작비, 출연자 섭외, 관객 동원력 따위인데 모든 조건이 늘 갖추어져 있는 것은 아니다. 그러나 상황에 따라 최적의 조건을 만들어야 한다. 작품 규모를 줄이는 것을 포함하여 각종 대안을 낼 수 있는데, 제작 시기를 늦추면서 조건을 만들어 나가든지 아니면 사업 자체를 폐기하는 수도 있다.

□ 출연진 규모와 제작비 산정

규모가 크면 관심과 화제를 불러일으킬 수는 있지만 규모가 크다고 해서 반드시 좋은 작품이 나오는 것은 아니다. 규모가 크면 오히려 난잡해질 수 있기 때문이다. 요점은 효율성이다. 노래와 연기가 뛰어나면 배우의 수가 적어도 매력 넘치는 작품을 만들 수 있고, 탄탄한 대본에 잘 만든 음악과 춤으로 규모의 열세를 만회할 수도 있다.

규모가 결정되면 투자자 물색에 들어간다. 투자자를 유치하기 위해서는 당연히 성공 기대감을 높이는 게 중요하지만 속이거나 과장해서는 안 된다. 현란한 말과 처세로 한번은 투자자를 유혹할 수 있어도 신뢰를 잃어버리면 모든 것이 끝난다. 정직이 최선임을 잊어서는 안 된다.

□ 홍보와 마케팅 계획 수립

보도 자료를 언론사에 배포하는 언론 홍보는 가장 고전적이지만 무시할 수 없는 방법이기도 하다. 다만 매체의 영향력에 따라 홍보 효과가 달라지므로 전략을 잘 짜야한다. 특히 요즘은 종이 매체보다는 각종 온라인 매체를 잘 활용하는 것이 중요하다.

언론 홍보는 홍보 범위가 제한될 수밖에 없기 때문에 구매력이 있는 실수요자에게 작품 정보를 직접 전달하는 방법도 생각해야 한다. 플래카드나 포스터 부착은 고전적인 방법이지만 여전히 많이 쓰는 방법이다. 또한 DM(direct mail) 발송도 생각할 수 있다.

홍보와 일정 부분 영역이 겹치면서 맞물려 돌아가는 것이 마케팅이다. 뮤지컬은 상업성을 앞세우는 장르이므로 뮤지컬이라는 예술 상품을 소비자에게 효과적으로 판매하기 위한 각종 기법을 동원해야 한다. 시장 조사, 가격 결정, 광고, 판촉 활동 따위를 포함하는데, 작품의 특성에 일치하는 주요 고객층, 즉 표적 시장(target market)을 찾아 전략을 짜야 효과 높은 마케팅이 가능하다.

□ 외국인 관객 배려하기

뮤지컬 시장이 커지고 이른바 '한류 스타'들이 뮤지컬 무대에 등장하면서 외국인 관객도 많이 늘어났다. 한 통계에 따르면 2배 이상 늘어났다고 한다. 대부분 한국 스타에 대한 애정이 각별한 일본인 관객이다. 이렇게 일본인 관객이 많아지자 아예 일본어 자막 서비스를 제공하는 공연도 생기고 있다. 한편 공연에는 오지 못하더라도 꽃다발을 보내 공연을 축하하기도 한다.

공연장을 찾는 외국인 관객은 먼 길을 와야 할 뿐만 아니라 비행기 시간을 공연 시간에 맞추기 어렵고, 길이 낯설어 헤맬 수도 있다. 그래서 이들은 공연 시작 두세 시간 전에 도착하는 일이 많다. 성의를 생각해서라도 이들을 공연장 밖에 세워 두거나 알아서 시간을 때우라고 할 수는 없는 일이 아니겠는가. 그래서 제작사들은 극장 주변과 로비를 공연 관련 전시장으로 꾸미며 공연 관람과는 또 다른 즐거움을 주려고 애쓰고 있다.

그러면 이렇게 외국인 관객에 대한 특별한 서비스를 제공하게 된 까닭은 무엇일까? 첫째는 입소문에 따른 집객 효과가 크기 때문이다. 외국인 관객이 늘어나고 있을 뿐만 아니라 같은 공연을 여러 차례 찾아오는 일도 많아지고 있어 이들을 감동시킬 특별한 서비스가 필요해진 것이다. 관객을 감동시키는 것은 공연만이 아니다. 아무리 좋은 공연이라도 서비스가 부실하면 다시 찾고 싶은 마음은 물론이고 다른 공연에까지 덩달아 나쁜 인상을 주게 된다. 따라서 이들이 내는 입소문이 또 다른 관객을 끌어들이는 데 큰 영향을 미친다. 이른바 바이럴 마케팅(viral marketing)이 중요해진 것이다. 둘째는 외국인 관객이 부가 수익을 창출하는 데에도 큰 영향을 미치고 있기 때문이다. 외국인 관객은 프로그램은 물론이고 공연과 관련된 음반이나 여러 가지 기념품을 사는 데에도 인색하지 않다. 나아가 이들이 사들고 간 물건은 또 다른 홍보 효과를 일으키기 때문에 외국인 관객을 특별히 모실 수밖에 없는 것이다.

■ 둘째 단계 : 프로덕션

프로덕션 진행 순서

프로덕션이란 대본과 음악을 연기와 연주로 무대에 올리는 것, 곧 작품을 만들어 보여 주는 것을 말한다. 제작이 본격적으로 이루어지는 단계이다. 제작 책임자인 프로덕션 매니저(production manager)와 기획 책임자인 프로젝트 매니저(project manager)가 긴밀하게 도와가면서 진행해야 한다. 따라서 이들은 각 부문 책임자들과 늘 연락할 수 있도록 비상연락망을 만들어 놓아야 하며, 각 부문 책임자들도 실무 인력과 늘 연락할 수 있어야 한다. 날마다 업무 일정과 외근 일정을 제작사에 알려 놓는 일도 필요하다. 일을 하다 보면 휴대전화 배터리가 모자란다든지 아예 휴대전화를 꺼 놓는다든지 해서 연락을 못하게 되는 때가 있는데, 이건 전문가의 자세가 아닐 뿐더러 효율성을 높이기도 어렵다. 언제 어디서나 연락을 주고받을 수 있는 태세를 갖추고 있어야 한다.

프로덕션을 진행하기 위해서는 제작 파트와 기획 파트를 구성하고 제작 비용을 마련하기 위해서 투자사, 협찬사, 후원사를 물색해야 한다.

□ 제작 파트 구성

• 프로듀서(producer, 제작자)

먼저 제작 책임자인 프로듀서가 나서야 한다. 프로듀서는 작품 제작의 틀을 만들고 지휘하는 총책임자로서 선장과 같은 존재라고 할 수 있다. 작품의 기획, 제작비 마련, 예산 설계와 집행, 인력 구성, 홍보와 마케팅의 최종 결정권을 쥐고 책임을 져야 한다.

• 연출가(director)

연출가는 대본, 노래, 음악, 무용, 연기를 자신의 예술미학에 따라 결합해 무대에 배치하는 사람이다. 당연히 극작과 각색 기법에 정통하며, 뮤지컬 전 분야에 걸친 경험과 지식, 그리고 자기 논리가 있어야 각 부문의 전문가를 통제하여 작업의 효율을 높일 수 있다. 무대에 올리는 작품에 관한 한 전권을 행사할 수 있어야 한다.

연출가는 무대 위의 모든 것을 책임지는 사람이다. 무대에 올리는 모

프로듀서와 연출가의 관계

원만한 관계를 유지하면 좋지만 그렇게 되기 어려운 것이 현실이기도 하다. 연출가는 완벽한 장면, 완벽한 작품을 원하지만 프로듀서는 정해진 시간과 예산 속에서 작품이 완성되기를 원한다. 날짜는 다가오고 예산은 빠듯한데 작품은 좀처럼 진전되지 않는다고 생각해 보라. 프로듀서의 잔소리는 날이 갈수록 심해질 것이고 연출가의 신경도 날카로워질 것이다. 그러나 프로듀서가 있기에 작업이 시작된 것이고, 연출가가 있기에 작품이 만들어진다는 것을 잊으면 안 된다. 할 말은 하되 서로 배려하는 마음가짐이 필요할 것이다.

든 행위는 연출가의 통제와 조율을 받아 통일성을 갖추어야 한다. 그러므로 관객들에게 좋은 작품을 선사하겠다는 연출가의 의지가 중요하다. 연출자는 작품에 대해 끝까지 책임지는 사람이므로 권한도 매우 크다. 작품 선정, 인원 채용, 캐스팅, 공연 콘셉트 채택과 시각화 따위가 모두 연출가의 권한이다.

연기자의 연기, 기술적인 요소들을 응집력 있게 결합해야 하기 때문에 뮤지컬의 전 분야에 걸친 예술적·기술적 지식과 판단력을 갖추고 있어야 한다. 기용된 스타를 해고할 수도 있고, 완성된 무대를 개조하거나 폐기하도록 명령을 내릴 수도 있다. 그런가 하면 줄거리, 노래, 노랫말을 잘라 내거나 고치도록 하고 작품의 일관성을 유지하기 위해 등장인물을 고치기도 한다.

뛰어난 연출가는 지루한 작품이라고 할지라도 신선함과 재미를 불어넣을 줄 알아야 하며, 상업성에 대한 안목도 갖추고 있어야 한다. 뮤지컬 제작에는 엄청난 돈이 들어가기 때문에 흥행을 보장할 매력 요소까지 생각할 줄 알아야 하는 것이다. 그러나 뛰어난 연출가라도 남다르게 잘하는 분야가 있기 마련이다. 대극장 공연에 능한 사람이 있는가 하면 소극장 공연에 능한 사람도 있고, 장르에 따라 강점도 다르다. 로맨틱 코미디에 능한 사람도 있고, 역사물에 강한 사람도 있다.

연출가의 인품도 중요하다. 뮤지컬은 연극을 비롯한 다른 공연예술보다 훨씬 더 많은 사람들이 여러 분야에서 함께 일할 뿐만 아니라 그들을 지휘, 감독하여 협력과 창의성까지 끌어내 앙상블을 만들어야 하기 때문에 배우나 스태프의 자잘한 문제까지 살필 줄 알아야 한다. 조화를 추구하면서도 카리스마가 넘치는 지도력을 갖춘 사람이 연출가로서 훌륭한 자질을 갖추었다고 할 수 있을 것이다.

• 대본 작가

대본은 작품의 내용이다. 내용 없이 작품을 만들 수는 없는 일이니 대본은 작품의 밑바탕이 될 뿐만 아니라 이야기를 이끌어 가는 춤과 노래의 바탕이 되기도 한다. 대본이 완성되어야 노랫말과 곡을 쓰고 춤을 붙일 수 있으니 대본이 탄탄해야 좋은 노래와 춤이 나오는 것은 당연하다.

그러면 연극 대본인 희곡과 뮤지컬 대본은 같은 것일까? 공연의 바탕이 된다는 점은 같지만 다른 점도 많이 있다. 희곡은 그 자체가 문학이다. 연극으로 상연되지 않고 글로만 읽어도 가치와 예술성을 맛볼 수 있다. 그러나 뮤지컬 대본은 다르다. 무대에서 상연되지 않으면 의미가 없다.

희곡과 뮤지컬 대본의 차이점

	희곡	뮤지컬 대본		
서막	1막을 인물 소개에 할애	• 인물을 소개할 시간 여유가 부족하다. • 공연 시작부터 관객을 사로잡아야 한다. • 한 장면, 노래 하나로 모든 것을 설명해야 한다.		
정직	극이 진행되면서 인물의 숨은 면과 거짓이 드러난다.	인물에 대한 거짓 단서를 제공하면 안 되고 인물의 성격이 보이는 대로 변함없이 드러나야 한다.		
길이	뮤지컬에 비해 길다.	• 절대로 길어지면 안 된다(75~90쪽, 희곡의 절반 수준). • 노래 한 곡으로 많은 것을 설명해야 한다. • 빠르게 진행하되 몰아쳐서는 안 된다.		
		1막	휴식	2막
		1시간 15분 정도	15분 정도	45~50분 정도
전체 합창곡	혼란스럽다.	공간을 확장할 수 있다.		
대단원	'환상'에서 '현실'로 돌아올 장치 필요	막이 내리는 순간까지 강렬한 질주 필요		

가락을 지을 때에도 그렇지만 뮤지컬 넘버의 노랫말도 대본을 바탕으로 쓴다. 연극 대사와 같은 구실을 하므로 대본에 자연스레 녹아들어 작품의 톤과 어울려야 한다.

노랫말은 극의 흐름과 분위기, 부르는 사람의 성격을 나타낼 뿐만 아니라 주제를 말하기도 한다. 따라서 이 장면에서 왜 이런 노랫말을 쓴 것인지 관객이 노랫말에 담긴 뜻을 읽어 낼 수 있어야 한다. 당연히 작사가의 지식을 과시하거나 너무 어려우면 곤란하다. 낱말 하나, 글월 하나가 관객의 가슴을 찌르고 뭉클한 감동을 자아내야 한다.

• 작곡가

음악은 뮤지컬의 고갱이다. 뮤지컬은 여러 장면에서 노랫말을 통해 이야기를 전달한다. 뮤지컬 노래는 대사의 한계를 뛰어넘는 힘이 있다. 노래 한 곡으로 장면을 압축할 뿐만 아니라 감정을 지배하며 극의 흐름을 주도한다. 그러므로 뮤지컬 노래의 특징을 잘 알고 있으면 뮤지컬을 더 잘 이해하고 사랑할 수 있게 된다.

뮤지컬 노래는 당연히 공연과 배우에게 적합하며 시대 배경과 극의 흐름에 충실해야 한다. 시대 배경에 대해 될 수 있는 대로 많은 지식을 갖추어야 시대 배경에 충실한 노래를 만들 수 있다. 그래서 대본과 마찬가지로 노래도 수없이 고치고 새로 지을 수밖에 없다. 그러나 작품의 배경이 되는 시대의 노래를 그대로 가져다 써서는 안 된다. 그 시대의 음악을 꾸준히 감상하고 연구하면서 그 시대의 분위기를 충분히 담은 노래를 만들어야 한다. 낡은 음악과 노랫말로 감동을 자아내기는 어렵다. 오늘날 재즈 스댄더드로 치는 곡 가운데에는 뮤지컬 넘버가 꽤 많고 지금도 애호가들의 사랑을 받고 있기는 하지만, 주크박스 뮤지컬이 아닌 다음에야 그 노래가 오늘날의 시대 배경과 분위기에 맞아떨어지는 것은 아니기 때문이다.

이와 같이 뮤지컬에서 비롯된 노래를 쇼 튠(show tune)이라고 부른다. 우리나라에서도 영화 속 노래나 텔레비전 드라마의 주제가가 인기를 끌어 대중가요 순위에서의 높은 자리를 차지하는 일이 많다. 그러나 록의 시대로 접어들면서 대중음악과 뮤지컬 노래가 점점 다른 방향으로 발전하고 있는 것도 사실이다. 뮤지컬 노래는 대중가요와 논리 짜임새가 다르기 때문이다.

뮤지컬 노래는 왜 '넘버'라고 부를까?

뮤지컬은 대본에 따라 노래를 써야 하므로 대본이 수정되고 등장인물의 성격이 바뀌고 제목이 바뀌면 자연히 노래의 제목과 노랫말도 달라진다. 그래서 뮤지컬 노래는 제목 없이 1번 곡, 2번 곡 따위로 부르다가 대본이 완성되고 노래가 고정되면 제목을 붙인다. 대본과 노래가 고정되기 전까지는 제목 대신 번호를 붙여 노래를 구분하기 때문에 뮤지컬 '넘버'라고 부르게 된 것이다.

• 안무가

춤도 음악과 마찬가지로 다양한 양식을 선택할 수 있으며, 음악과 함께 이야기를 밀고 나가는 수단이다. 그뿐만 아니라 배우의 등퇴장을 비롯한 전반적인 동선도 춤과 긴밀히 연결된다. 안무가는 춤을 짜고 배열하며 배우의 동선도 고려해야 하기 때문에 반드시 연출가, 작가, 작곡가와 협의해야 한다.

뮤지컬의 춤은 장면에 활기를 불어넣을 뿐만 아니라 무대장치나 의상과 함께 대단한 볼거리 가운데 하나이다. 그러나 춤이 그저 볼거리에 그치는 것은 아니다. 때에 따라 과장하거나 절제하는 춤사위는 대사나 노래보다도 더 효과적으로 감정을 표현하고 고양하며, 현실 세계의 모습을 있는 그대로 나타낼 수도 있다. 그래서 춤은 연기의 일부로서 뮤지컬을 구성하는 중요한 요소일 뿐만 아니라 뮤지컬 하나를 노래 없이 춤으로만 구성할 수도 있다. 이른바 댄스 뮤지컬이다.

그러므로 안무가는 작품 성격과 이야기에 따라 춤을 만들어야 한다. 연출가, 안무가 대본 작가, 작사가, 작곡가는 토론을 거쳐 작품 해석과 의도에 동의해야 한다. 그래야 작품 배경과 흐름에 맞는 노래와 안무가 나올 수 있다. 안무가는 작품 해석뿐만 아니라 음악, 조명, 무대장치, 분장과 의상에 이르는 모든 요소를 고루 살펴 이들이 자연스럽게 어우러져 살아 움직일 수 있도록 춤을 구상해야 한다.

훌륭한 안무가는 연출 의도에 따라 한 장면을 책임지는 연출가와 같은 역할을 맡기도 하며, 춤을 가르치고 훈련시키는 교사가 되기도 한다. 음악, 조명, 의상, 분장 따위를 살필 때는 각 분야의 디자이너와 다름없는 자질도 갖추고 있어야 한다.

뮤지컬에 쓰는 춤은 여러 가지이다. 우리나라 전통 무용이나 세계 여러 나라의 민속무용을 그대로 가져다 쓰거나 바꾸어 쓸 수도 있고, 발레나 현대무용, 심지어 비보잉도 쓸 수 있다. 화려한 의상을 차려 입은 많은 사람들이 떼 지어 춤추면서 승리나 기쁨을 나타낼 수도 있고, 결투나 전투 장면을 그릴 수도 있다.

그러나 음악과 마찬가지로 무용도 작품의 주제와 분위기를 떠나면 안 된다. 춤추는 기술도 중요하고 화려하고 박진감 넘치는 춤사위도 중요하지만, 작품과 동떨어져 따로 노는 것이라면 그것은 한낱 '춤사위'일 뿐 뮤지컬의 틀과 알맹이를 넉넉하게 만드는 '춤'이 되지는 않는다. 뮤지컬의 춤은 연기의 일부이며, 뮤지컬을 보러 가는 여러 까닭 가운데 하나이다. 그러므로 안무가는 항상 시대의 흐름과 관객의 취향에 민감해야 한다. 낡고 뻔한 안무가 아니라 극이 지닌 동기에 충실하면서도 창의성과 신선함이 넘치는 안무가 필요하다.

• 음악감독

음악감독은 음악과 노래를 편곡하고 배우의 노래와 오케스트라의 연습도 지도한다. 음악은 뮤지컬을 밀고 나가는 가장 강력한 수단이므로 음악감독이 작품을 어떻게 해석하느냐에 따라 뮤지컬의 결이 달라질 수 있다. 그러므로 음악감독 또한 연출가, 작가, 안무가와 함께 작품에 대해 같은 생각을 하고 있어야 한다. 창작 파트의 회의가 단순히 일정 조정에 그쳐서는 안 되는 까닭이다. 한편 외국은 보컬 코치를 따로 두어 배우의 노래를 훈련시킨다.

□ 제작팀 구성과 제작 회의

연출가와 안무가는 각 분야의 디자이너를 뽑아 제작팀을 짜야 한다. 이렇게 해서 제작팀이 구성되면 제작감독이 주관하여 제작회의를 연다. 제작회의에는 모든 스태프가 참여하며 연출가는 작품에 대한 자신의 생각과 요구 사항을 전달하고, 각 부문의 스태프는 작품의 개요, 주제, 콘셉트를 충분히 인식, 동의해야 한다. 제작감독은 회의 내용을 정확히 기록하고, 연습실과 디자이너 작업실을 오가며 진행 상황을 살피면서 제작 일정에 차질이 없도록 해야 하는 것은 물론이다.

매일 연습이 끝나면 연출가는 제작회의를 열어 작품의 뼈대를 잡아나가고, 각 분야 스태프들에게 필요한 사항을 전달하여 드러나는 문제를 해결해야 한다.

□ **투자 유치**

앞서 말했듯이 뮤지컬은 예술성과 대중성(상업성)을 함께 고려해야 한다. 이를 위해 대본과 음악이 완성되면 투자 유치, 연출가 선정 등을 대행할 에이전트를 구한다.

이때, 다음과 같은 사항을 최종 점검하고 모든 점검이 끝나야 한다.

> ···› 주제와 줄거리가 쉽게 전달되는가
> ···› 캐릭터의 역동성이 살아 있는가
> ···› 작품 구성과 흐름이 적절한가
> ···› 음악은 조화와 균형을 맞춰 배치되었는가
> ···› 단순하면서도 강력한 멜로디의 노래가 있는가
> ···› 볼거리가 있는가
> ···› 재미가 있는가

• 쇼 케이스(show case)

작품에 대해 설명하고 투자를 유치하는 행사이다. 투자자, 공연 전문가, 디자이너, 스태프, 다른 프로듀서들을 초대해 진행한다. 쇼 케이스 몇 주 전에 상세한 공연 알림글과 함께 모시는 글을 보내고 1주 전, 최소한

며칠 전에는 참석 여부를 반드시 확인해야 한다.

쇼 케이스에서는 미리 연습된 장면을 1시간 정도 보여 주고 프로듀서와 창작 파트의 작품 설명이 이어진다. 주연급 배우도 소개해야 하므로 주연급 배우, 특히 스타가 기용됐다면 그 스타는 반드시 참석해야 한다. 그리

투자 제안서 작성 요령

투자 제안서에 들어갈 내용	• 기획 배경 • 공연 개요 • 작품 소개 • 홍보와 마케팅 전략 • 예산과 수익성 분석 • 수익 배분, 예산 집행과 관리 규정 • 기획자 프로필
투자 제안서를 만들 때 주의할 점	• 핵심 내용을 부각하고 간단명료하게 작성할 것 중언부언 현란한 겉치레는 오히려 감점 요소이다. 간단명료할수록 고민과 준비가 철저하다는 뜻이다. • 신뢰성을 높일 것 투자 유치에 실패하는 한이 있더라도 근거 없는 낙관으로 과장해서는 안 된다. • 장기 투자를 권유할 것 뮤지컬은 성패를 예측하기 어렵고 투자금 회수도 오래 걸린다는 점을 정 확히 인식시켜야 한다.
투자자가 중시하는 항목	• 대중성이 있는가? • 열정과 준비성이 있는가? • 캐스팅 대안은 있는가? • 일정과 장소가 공연에 유리한가? • 주요 타깃과 경쟁작 분석 등 홍보와 마케팅 전략이 꼼꼼한가? • 예산안이 구체적이고 합리적인가? • 손익 분석이 치밀하고 과학적인가? • 손익분기점에 안정적으로 도달할 수 있는가? • 지분 설정, 수익 배분율에 설득력이 있는가? • 기획사의 능력은 신뢰할 만한가? • 흥행 실패 시 대비책은 있는가? • 대극장 공연인가, 소극장 공연인가? • 수입인가, 라이선스인가, 창작인가? 또는 초연인가, 리바이벌인가?

고 투자자들을 대상으로 한 투자 설명회가 이어진다.

• 투자 제안서

제작자는 투자 제안서를 통해 자신과 자신의 기획을 믿고 투자할 사람을 구해야 한다. 제작자는 먼저 대중의 생각을 읽어 낼 줄 알아야 하며, 광고, 홍보, 회계 실무도 잘 알고 있으며, 많은 잠재 투자자를 확보하고 있는 사업가여야 한다.

그러나 사업 감각만으로 제작자가 될 수 있는 것은 아니다. 제작자의 가장 중요한 자질은 신뢰성과 선견지명이다. 참가자들의 명단을 일일이 챙기고 예술인들의 예민한 감성을 달래고 어루만질 줄 아는 너그러운 성격도 필요하다. 연극에 감각이 있어야 하는 것은 당연하며, 연극과 뮤지컬의 모든 방면에 걸친 지식과 예술적 감각도 갖추고 있어야 한다.

□ 워크숍(workshop)

투자자와 계약이 체결되면 창작팀(주로 작가, 연출가, 음악감독)의 회의를 거쳐 대본을 수정 또는 개작하고, 수정 대본이 완성되면 워크숍을 연다. 활자가 언어로, 악보가 노래로 바뀌는 순간이며, 이 과정을 통해 알아차리지 못하고 숨어 있던 문제가 드러난다.

• 1 단계

일반 관객에게 무료로 공개하는 독회(reading)형식이다. 간단한 무대장치만 설치하고 의상을 갖추지 않은 상태에서 대본을 들고 진행한다. 끝나고 난 뒤 설문지를 돌려 일반 대중의 의견을 모아 검토하는 과정이다.

• 2 단계

연습용 무대장치를 설치하고 최소한의 의상과 안무를 넣어 진행한다. 매일 전문가를 초대해서 의견을 듣고 반영한다.

• 3 단계

모든 것을 갖추어야 하는 워크숍 공연이다. 저렴한 가격으로 지방 극장에서 관객의 반응을 살펴보는 것인데, 이런 소규모 공연을 통해 수많은 첨삭이 이루어진다. 주의할 것은 지역에 따라 관객의 반응이 다르다는 것이다. 한두 곳의 반응이 전체를 대변하는 것은 아니며, 지방과 중앙의 반응은 다를 수 있다는 점을 염두에 두어야 한다. 공연의 문제점을 지적하고 대안을 제시하는 플레이 닥터(play doctor)의 도움을 받기도 한다.

□ 공연 연습

워크숍을 거친다면 약 3개월, 거치지 않는다면 6개월 정도 강도 높은 연습이 필요하다. 당연히 적당한 크기의 연습 스튜디오를 빌려야 한다. 연습 스튜디오에는 전체 연습에 쓸 큰 연습실 1개와 파트별 연습에 쓸 작은 연습실 여러 개가 있어야 한다. 조연출은 연습 일정을 조정하여 일정표를 붙여 두어야 한다.

장면별, 분야별(노래, 연기, 춤) 연습을 통해 부분 장면이 만들어진다. 연습 기간 동안 의상, 무대, 소품 따위를 제작해야 하는 것은 물론이다. 따라서 제작감독은 연습실과 제작 현장을 오가며 진행 상황을 살피고 독려해야 한다.

부분별, 분야별 연습이 완성되면 모든 배우가 모여 소품까지 쓰면서 처음부터 끝까지 런-스루(run-through)를 진행한다. 더블 캐스팅일 때는 배우를 바꿔 가며 진행해 본다. 런-스루를 통해 전체 공연 시간을 점검하고 전체 동선을 결정하는데, 리허설 전의 사전 점검이므로 세세한 부분까지 결정해야 한다. 디자이너들도 참여하여 자기 분야의 진행 상황을 최종 점검한다. 런-스루가 진행되는 동안 공연장에서는 장비를 설치하는데, 보통 공연 2~3주 전에 시작된다.

본 공연 전에 지방 공연(try out) 또는 프리뷰(preview)를 진행하기도 한다. 지방 공연은 본 무대에 올리기 전에 일정 기간 지방 중소도시에서 공연하는 것인데, 지방지의 공연평이나 관객 설문조사 등을 참고하여 연출, 기술, 제작 등 여러 부분을 고치고 보태며 작품을 수정하기도 한다. 그러나 작품 수정은 배우들이 감당할 수 있는 정도여야 하며, 오케스트라와 배우가 극장 음향에 익숙해져야 하므로 본 공연 1주 전까지는 작품이 고정돼야 한다.

지방 공연을 마치고 본 공연이 열리기 전에 하는 프리뷰는 본 공연 전에 하는 실전 리허설이라고 할 수 있다. 30~40% 할인된 가격으로 표를 판매하여 관객을 놓고 진행하는데, 제작팀과 파트별 디자이너들은 본 공연 전에 마지막으로 점검할 기회가 된다. 관객들은 실수나 착오가 있을 수 있음을 고려해서 봐야 할 것이다.

□ 무대 연습

• 리허설

시스템을 점검하고 연기, 노래, 춤, 음향, 조명, 무대 전환 따위의 순서를 맞추는 연습이다.

페이퍼 테크(paper tech) 연출가, 무대감독, 조명감독, 음향감독과 조연출 등 조감독이 참여한다. 각 분야의 감독들은 무대감독에게 언제, 어떻게 큐 사인을 낼 것인지 설명하고 완성된 큐시트를 넘겨 주어야 한다.

드라이 테크(dry tech) 연출가와 모든 기술진이 참석하여 배우 없이 전체 공연 순서에 따라 진행한다. 무대감독이 큐 사인을 주어야 할 시점을 정확히 파악하고, 연출가는 공연 진행 상황과 기술 요소들을 피드백할 수 있는 기회이다. 대본상 큐 사인이 없는 곳은 그냥 넘어가며 음악은 녹음된 것을 쓴다. 장면 전환이 제때 정확히 이루어질 수 있는지도 점검한다.

웨트 테크(wet tech) 드라이 테크와 비슷하지만 기술 스태프뿐만 아니라 모든 배우와 오케스트라가 참석한다. 순서에 맞춰 진행하지만 의상과 분장은 갖추지 않는다. 다만 배우들은 어두운 색 옷을 입어야 한다. 밝은 색 옷은 조명을 확인하는 데 방해가 되기 때문이다. 공연 전체를

프레스 콜

리허설이 어느 정도 진행되고 장면이 만들어지면 언론 매체를 초청하여 리허설을 공개하는데, 이를 프레스 콜이라고 한다. 홍보 담당자와 제작감독이 일정을 협의한다.

다 하는 것이 아니라 배우들의 등퇴장과 무대 전환을 연습한다.

부분 드레스 리허설(partial dress rehearsal) 배우를 중심으로 장면별로
연습한다. 모든 것을 다 갖추고 진행하는데, 한 부분을 반복할 때는 무대
감독이 스태프에게 지시하여 음향, 소품, 조명 등을 되돌려서 진행한다.

최종 드레스 리허설(final dress reahearsal) 모든 것을 갖추고 실제처럼
진행하며 커튼콜과 큐 사인이 확정된다. 무대감독은 하우스 매니저와
함께 관객 입장, 공연 시작 시각을 협의한다.

• 무대 장비 제작

리허설이 진행되는 동안 무대 장비 제작이 끝나야 한다. 무대 장비 제
작은 제작감독이 진행하는데, 부문별 디자이너들과 의논하여 일정을 잡
아야 한다. 보통 무대 장비(세트, 소품), 조명, 음향 장비 순으로 반입하지만
동시에 진행되는 경우가 많으므로 혼선이 일어나지 않도록 세심하게 배
려해야 한다. 보통 일정이 매우 빠듯하므로 제작감독은 현장에 상주하면
서 돌발 상황에 대비하고 스케줄을 조정해야 한다.

연출가와 안무가가 공연 진행을 지휘할 수 있도록 객석 중앙에 프로덕
션 데스크(production desk)를 설치하는 한편 조명감독과 음향감독은 공연
장 기본 시설과 전기 공급을 점검하고, 1층 객석의 가장 뒤 중앙에 음향과
조명 콘솔(console)을 배치한다.

조명 디자이너 포커싱(focusing)을 완료하고 큐를 정리한 뒤 조명 효과

와 타이밍을 콘솔에 입력(메모리, memory)한다. 리허설 중에도 메모리를 계속해서 수정하고 최종 확정해야 한다.

음향 디자이너 뮤지컬은 관객의 모든 감각을 압도해야 하지만 소리만 무작정 커지면 세밀한 변화를 잡아내지 못하는 단조로운 소리가 된다. 이른바 사각(死角, dead angle)을 없애 공연장 어디에서나 균질한 음향이 들리도록 해야 한다. 또한 반향은 심하지 않은지 노랫말과 대사, 음악이 잘 들리는지 세심하게 살펴야 한다. 특히 반주 소리에 노래 소리가 묻히지 않는지 살펴서 교정하는 등 음향 디자이너가 점검해야 할 요소는 매우 많다.

중요한 것은 연출가가 원하는 소리를 내는 것이지만 지나치게 음향을 조작하는 것은 좋지 않다. 어디까지나 본디 소리, 인간다운 소리가 나야 한다는 것을 명심해야 한다.

백스테이지 백스테이지에는 분장실, 의상실, 소품실, 스태프 회의실, 출연자 대기실, 휴게실 따위가 마련되어 있다. 출연자가 많을수록 혼란스럽기 때문에 깔끔한 배열과 정리가 기본이다.

컴퍼니 매니저(company manager)는 배우를 분장실별로 배치하고, 분장실 문에 이름표를 붙여 놓으며, 의상팀은 공연 순서에 따라 의상을 정리하여 옷걸이에 걸어 두고 옷걸이에는 이름표를 붙여 둔다. 소품 역시 소품 책상 위에 가지런히 정리해 두어야 한다.

• 오프닝

관객은 보통 공연 시작 30분 전부터 들어오므로 그 전에 완벽한 세팅이
필요하다.

하우스 매니저(house manager) 극장 청소와 정리 상태 등을 점검하고
객석을 열 준비를 갖춘 뒤 공연 준비 상황을 파악하고 객석 출입문을
연다. 관객 입장 상황을 확인한 후 출입문을 닫고 관객 입장이 완료됐
음을 무대감독과 연출진에게 통보한다.

무대감독 무대감독은 스탠드바이 콜을 주고 배우들을 대기시켜야 한
다. 배우는 당연히 의상, 분장, 소품을 모두 갖추고 있어야 한다. 30분
전 콜에서 배우와 크루(crew, 공연에서 기술 실무를 담당하는 사람)는 준비를
완료하고, 15분 전 콜에서 관객과 로비 상황을 점검하며, 5분 전 콜에서
헤드셋 착용을 완료해야 한다.

공연이 시작되면 할 일들

공연이 시작되면 무대감독과 컴퍼니 매니저가 중요해진다. 공연을 진행하고 출연자들을 일일이 챙겨야 하기 때문이다. 백업 요원을 대기시키는 것도 이들의 일이다.

• 연출가

출연진과 스태프의 긴장감과 공연의 참신성을 유지하는 일에 신경을 써야 한다. 장기 공연인 경우 긴장감이 사라지고 매너리즘에 빠지기 쉽기 때문이다. 연출자는 배역을 교체한다든지 매일 조금씩 세부 사항을 바꾼다든지 해서 긴장감을 유지해야 하고, 배우들은 매 공연마다 자기 배역에 새롭게 접근하려고 노력해야 한다. 부족하다고 생각되는 곳은 부분 리허설을 통해 계속해서 아이디어를 추가하고 수정·보완하는 한편 공연 업그레이드도 준비해야 한다.

• 무대감독

무대감독은 공연 진행을 책임지는 사람이므로 공연의 질이 일정한 수준을 유지하도록 신경을 써야 한다. 매 공연마다 파트별 기술 부분을 점검하고 공연 중에는 인터콤을 통해 음향, 조명, 무대 전환 등의 큐 사인을 내리고 공연을 진행한다. 나아가 공연 스케줄과 연습 스케줄을 조정하며, 혹시 일어날 수도 있는 사고에 대비하고 처리하는 일까지도 모두 무대감독이 책임져야 할 일이다. 공연 리포트(performance report)를 작성하는 일도 무대감독이 할 일이다.

• 컴퍼니 매니저

컴퍼니 매니저는 배우와 스태프들의 생활을 챙기는 안주인이라고 할 수 있다. 연습과 공연 중의 끼니와 건강을 챙겨야 하므로 공연장 주변의 식당, 병원, 약국, 안마사 따위의 위치와 전화번호를 파악해 놓아야 하며, 급료를 지불하는 일도 컴퍼니 매니저가 맡아서 해야 한다. 한편 컴퍼니 매니저는 제작사의 주요 공고를 알려 주고 출연자와 스태프 사이의 의견을 전달해서 백스테이지의 분위기를 매끄럽게 만드는 데에도 신경을 써야 한다.

• 홍보팀

공연이 시작되면 각종 매체에 공연평이 실리게 된다. 공연평을 종합, 정리해서 연출팀에게 전달하는 일은 매우 중요하다. 비평가의 평과 관객의 의견을 통해 교훈을 얻을 수 있기 때문이다. 호평이 나오면 홍보에는 확실히 도움이 되지만 호평이 흥행을 보장하는 것은 아니다. 악평이라고 할지라도 적절히 활용하면 화제를 만들 수 있다. 호평과 악평에 따라 적절히 대응하면 된다. 이때 비평가의 평은 상당히 신경이 쓰이기 마련이다. 그러나 비평가도 관객의 한 사람이다. 비평가의 의견을 무시할 수는 없지만 지나치게 민감하게 반응할 필요는 없다. 비평가들 가운데는 음악에 대해 매우 무지한 사람도 있으니까 말이다.

흥행에는 계절적인 요인도 작용하므로 관객의 직접적인 참여와 공감을 유도할 수 있는 아이디어와 홍보 이슈를 계속 개발해야 한다. 공연계나 정치계 거물의 관람을 끌어내는 것도 홍보에 도움이 된다.

• 마케팅팀

공연을 꾸준히 매체에 노출시키는 것은 물론 티켓 판매도 늘려야 한다. 특히 평일 티켓은 할인을 한다든지 기념품을 제공한다든지 해서 더 많이 팔 수 있는 방안을 마련해야 한다.

• 하우스 매니저

음반, 마스코트 등 공연과 관련된 여러 가지 물품을 판매하는 일을 머천다이징(merchandising)이라고 하며, 하우스 매니저는 공연장 안에서 이루어지는 머천다이징을 책임져야 한다.

■셋째 단계 : 포스트 프로덕션

철거와 보관 ⇨ 지방 공연 ⇨ 정산 · 결과 보고서 ⇨ 업그레이드

포스트 프로덕션 진행 순서

포스트 프로덕션 단계에는 공연이 끝나고 난 뒤 마무리와 공연 업그레이드 또는 지방 공연 기획 따위가 포함된다.

□ 철거와 보관

　무대 장비를 철거하고 세트, 소품, 의상 따위는 장기 계획에 따라 보관할 것과 폐기할 것을 구분하여 처리한다. 제작감독이 책임지고 진행한다.

　세트와 조명을 철거할 때에는 특히 안전 문제에 신경을 써야 하며, 인력을 효율적으로 배치하여 일을 진행해야 한다. 보관할 물품은 손상되지 않도록 포장에 신경을 쓰고, 상자에 물품을 구분하는 이름표를 붙여 재공연이나 지방 공연에 대비한다.

□ 지방 공연

　기획팀은 본 공연이 시작되면 곧바로 지방 공연을 추진해야 한다. 지방 공연장의 기획과 지방 제작사의 초청 공연 형식이 많지만 이때도 반드시 제작감독과 컴퍼니 매니저가 출장을 가서 현지 상황을 파악해야 한다. 제작감독은 공연 진행에 필요한 시설(음향, 조명, 무대, 백스테이지)을 파악하고, 컴퍼니 매니저는 다음 순회 일정을 고려하여 이동 수단과 숙식 등을 예약해 두어야 한다. 계약 조건에 따라 지방 제작사가 숙식을 예약해 놓거나 제공하는 때도 있는데, 이때도 준비 상황을 반드시 점검해야 한다.

　한곳에서 다른 곳으로 옮겨갈 때에는 현장 상황 파악, 장비 이동, 세트 설치에 걸리는 시간을 살펴서 며칠 여유를 두는 것이 좋다. 출연진은 버스를 빌려 함께 이동하는 것이 편리하며, 개별 이동은 교통비를 지급해야 한다.

□ 정산과 투자 관리

　공연 투자금과 수익금을 정산하고 배우와 스태프의 급료, 로열티, 시설

임대료 따위를 지불하는 일이 신속·정확하게 이루어져야 한다. 모든 공연이 흑자를 내는 것도 아니고 당장 흑자를 내기도 어려운 일이지만 신뢰를 깨면 안 된다. 적자 규모가 커서 연출가, 안무가, 작곡가, 작사가 등의 로열티를 삭감하는 일도 있을 수 있지만 보전 대책을 함께 제시해야 하며, 배우들의 급료는 절대로 삭감하면 안 된다.

투자자에게도 정산 결과를 보고하고 장기 계획과 대안을 제시하여 장기 투자를 유도해야 한다.

□ 각종 보고서 작성

기획 보고서, 마케팅 보고서, 정산 보고서, 제작 보고서, 제작 매뉴얼 등을 완벽하게 정리해야 한다. 이 가운데 마케팅 보고서에는 티켓 판매 결과가 반드시 분석되어 있어야 한다. 일반 판매와 단체 판매, 티켓박스별 점유율, 요일별 점유율, 연령대와 성별에 따른 티켓 판매 상황 등을 분석해야 한다.

정산 보고서는 수입과 지출, 최종 수익금을 정산하고, 애초 계약에 따라 투자 금액 분배, 급료와 로열티 지불 등을 담아야 한다.

공연 리뷰, 자체 평가, 관객 평가 등도 모아 놓아야 한다. 이런 평가물들이 다음 공연이나 공연 업그레이드의 방향을 제시하기 때문이다. 오디오와 비디오 자료도 잘 정리하여 보관해야 한다. 역사를 기록한 것이기 때문이기도 하지만 뒤 이은 음반 제작 등에 필요한 자료이기 때문이다.

필요한 부분만 모아 제작 매뉴얼을 작성한다. 제작 매뉴얼은 기술진이나 출연진이 바뀌더라도 곧바로 적응할 수 있는 지침서가 된다. 라이선스 공연인 경우, 제작 매뉴얼에 따라 공연을 올리게 된다.

프로듀서는 작품의 존속 여부를 결정해야 하고, 모든 보고서를 취합하여 공연 최종 보고서를 작성해야 한다. 최종 보고서는 공연을 마무리하는 의미도 있지만 다음 공연을 기획할 때 중요한 참고 자료가 되므로 냉정한 평가와 검토를 거쳐야 하는 건 말할 나위가 없다.

3. 창작의 열쇠

■ 뮤지컬 대본이 갖추어야 할 요소

□ 재창조

원작의 문학성과 감동, 인물의 개성, 주제의식을 뮤지컬에 맞게 재창조해야 한다.

□ 긴장과 절정

긴장에는 아슬아슬한 긴장도 있지만 코믹한 긴장, 낭만적 긴장도 있다. 뮤지컬에서는 절정부를 두 번 두는데, 1막의 약 2/3 지점에서 긴장감이 1차 정점에 이른 뒤 휴식 시간을 둔다. 관객들이 휴식 시간 동안 숨을 돌리면서 긴장을 푸는 한편 2막에 대해 궁금증을 갖도록 해야 한다. 2막의 절정은 밤 11시의 노래(Eleven O'clock number)가 나오는 시점에 둔다.

□ 감상

배우는 지나치지 않은 적절한 감상이 필요하다. 그 감상이 낡고 뻔한 감상이어서는 안 되며, 지나친 감상으로 관객들에게 불편함을 주어서도 안 된다. 신선한 감상, 진실성 넘치는 감상이어야 한다. 중요한 것은 배우가 울 것이 아니라 관객을 울게 만들어야 한다는 것이다.

■대본 작업

대본은 뮤지컬의 생명이다. 노래나 춤은 나중에 고칠 수 있지만 대본을 고치기는 어렵다. 다른 요소가 좀 부실해도 대본이 탄탄하면 절반은 성공한 것이다.

고전, 문학작품, 설화, 전설, 민담 따위에서 소재를 골라 뮤지컬 대본으로 재창작하는 작업을 각색(脚色)이라고 한다. 유명한 「레 미제라블」은 빅토르 위고의 동명 소설을 각색한 것이고, 「웨스트사이드 스토리」는 셰익스피어의 희극 『로미오와 줄리엣』을 각색한 것이다. 한편 외국 작품을 우리 실정에 맞게 재구성할 때도 있는데, 이를 번안이라고 한다. 독일 그립스 극장의 「지하철 1호선Linie 1.」의 배경을 우리나라로 고친 김민기의 「지하철 1호선」이 그 보기이다.

□ 작업 방식

작가, 작곡가, 작사가가 각각 대본, 음악, 노랫말을 맡아서 하는 것이 가장 널리 하는 작업 방식이다. 이때는 세 사람의 긴밀한 의견 교환이 필요하며 때로는 공동으로 작업할 때도 있다.

그런가 하면 통일성을 갖추기 위해 작가가 대본, 음악, 노랫말을 모두 맡는 경우도 있다. 예술적 통제가 쉬워서 틈이 없는 매끄러운 작업이 가능하다는 장점이 있지만, 각각에 대해 비판하고 검증하여 상승 작용을 일으키기는 어렵다.

그 밖에 대본 작가가 노랫말을 함께 쓸 수도 있는데 대본과 노랫말의 색깔이 통일된다는 장점이 있다. 작곡가가 노랫말을 쓰는 일도 있다.

□ 대본 작업에서 염두에 둘 것

먼저 주제, 이야기, 캐릭터를 확정하고 기획 의도와 등장인물을 정리하여 시놉시스(synopsis)와 트리트먼트(treatment)를 작성해야 한다.

• 주제

모든 예술 작품은 사실을 진술하거나 묘사하는 데 머무르지 않고 그 뒤에 숨은 의미를 나타내려고 한다. 작가는 바로 이 숨은 의미에 대해 말하려고 하는 것이고 이것이 바로 주제이다. 곧 주제란 작품을 통해 작가가 하고 싶은 말로서 작가의 인생관이자 세계관이며, 삶과 세상을 향해 던지는 문제의식인 것이다. 구체성, 함축성, 명확성, 일관성을 갖추어 간결하게 정리한다.

• 기획 의도

작품을 만드는 까닭, 목표 또는 목적이라고 보면 된다. 작품을 만들려는 까닭이 무엇인지, 누구를 위해, 무엇을 위해 만드는지에 관한 것이다. 극작 의도와 주제를 4~5줄 정도로 작성한다.

• 등장인물

등장인물을 주연, 조연, 단역으로 나누고 극 중 이름, 나이, 직업 등 신상 명세와 독특한 성격을 밝혀 둔다. 이는 인물을 만들고 이야기를 밀고 나가는 데 혼란이 생기지 않고 일관성을 지킬 수 있도록 해 준다.

인물 사이의 관계를 정리할 때 '인물 관계도'와 '장 전개표'를 작성하면 일관성을 유지하는 데 큰 도움이 된다. 인물 관계도는 등장인물 사이의 관계를 한 눈에 알아채기 위한 도표로 인물 사이의 관계를 우호 인물 (protagonist), 적대 인물 (antagonist), 우호 인물이면서 동시에 적대 인물이기도 한 복합 인물, 우호 인물도 아니고 적대 인물도 아닌 방관 인물,

인물 관계도

그리고 웃음을 주는 인물인 쇼 스토퍼(show stopper)* 따위로 나누어 정리한다. 장 전개표는 각 장의 주요 사건과 인물 관계도를 함께 정리한 것으로 대본을 쓰기 위한 기본 설계도라고 할 수 있다.

• 시놉시스

시놉시스 작성 순서

시놉시스는 줄거리를 간추려 놓은 것이다. 그러므로 먼저 줄거리를 잡아야 하는데, 시간 흐름에 따라 이야기를 늘어놓을 것이 아니라 여러 사건이 어떤 계기를 따라 발전하는가 하는 작동 계기를 밝혀 주는 얼개여야

* 극의 흐름을 잠시 끊기 때문에 붙은 이름인데, 기분 전환용으로 재미있는 노래나 연기를 통해 관객의 환호와 박수를 이끌어 내는 인물을 말한다. 열렬한 갈채를 받는 명연기자를 일컫기도 한다.

한다. 뮤지컬은 보통 2막으로 짜이므로 1막과 2막을 나누어서 쓰고, 사건마다 소제목을 달아 쉽게 알아보도록 하는 것이 좋다.

　다 쓴 줄거리도 다시 살펴보면 빈 곳이 있기 마련이다. 빈 곳을 채우면서 다시 쓰면 처음 생각했던 어설픈 줄거리가 점점 앞뒤가 맞는 이야기로 정리되어 재미와 감동을 한층 더할 수 있다.

• 트리트먼트

　시놉시스보다 더 자세하고 긴 줄거리이다. 좀 더 자세한 상황을 쓰고 의미 있는 대화나 노랫말까지 덧붙일 수 있다. 막뿐만 아니라 장별로 분류하고, 막과 장에는 소제목을 붙인다. 장 안의 작은 사건에도 소제목을 붙여 시나리오 구조에 따라 정리한다.

▫ 시나리오 구조

　시나리오 구조는 보통 드라마 구조, 기승전결 구조, 3막 구조 따위로 구분할 수 있는데, 구조와 상관없이 한 줄로 줄여 쓸 수 있는 단순한 이야기여야 한다. 그리고 당연히 캐릭터는 전형성이 있어야 한다.

　드라마 구조는 고대 연극에서 기원한 5단계 구조이다. 도입, 상승, 정점, 반전(하강), 파국으로 이루어져 있으며, 3개의 극적 계기(동기)가 있다. 서양에서는 3막 구조로, 한국, 일본, 중국에서는 기승전결(起承轉結) 구조로 변형되었다.

　기승전결 구조는 한시 절구(絶句)에서 쓰는 구성법을 시나리오 구조에 응용한 것인데, 이것을 2막 구조인 뮤지컬에 적용하면 다음과 같다.

기승전결 구조와 뮤지컬 막의 비교

1막		휴식	2막	
전반부	후반부		전반부	후반부
기	승		전	결
• 주인공, 상황, 조건 소개 • 서곡, 오프닝 넘버	• 사건 본격 진행 • 1차 절정, 1막 피날레		• 클라이맥스와 주제 배치 • 프로덕션 넘버	• 이야기 마무리 • 피날레

3막 구조는 서양에서 주로 사용하는 시나리오 구조이다. 3막이라고 해서 실제로 세 번 막을 여닫는 것이 아니라 뮤지컬의 내용을 세 부분으로 나눈 것을 말한다.

□ 서브플롯(sub-plot)과 복선(banging clue)

서브플롯은 주 플롯(main plot)을 접고 잠깐 긴장을 풀어 주면서 다른 긴장을 유발하는 구실을 한다. 서브플롯을 통해 대비와 대조를 더욱 뚜렷이 할 수도 있는데, 대비를 통해 다른 긴장을 유발하거나 긴장을 강화하기도 한다. 그러나 이때 조성된 긴장은 반드시 해소되어야 한다. 서브플롯은 극의 주된 흐름을 해치지 않고 자연스럽게 주 플롯에 녹아들어야 한다. 서브플롯이 너무 재미있어서 주 플롯을 가리게 되면 공연 자체는 실패한 것이다. 잊지 말아야 할 것은 서브플롯이 관객을 속이거나 혼란스럽게 하면 안 되고 줄거리 속에 자연스럽게 연결돼야 한다는 것이다.

복선은 전개될 이야기에 대한 실마리이다. 반드시 필요한 것은 아니지만 긴장감과 궁금증을 일으키고, 반전의 실마리가 되어 잔재미를 높일 수 있다.

□ 부분별로 갖추어야 할 요소

재미있고 명확하고 주요 사건이 발생하는 '극적 지점(pressure point)'을 배치해야 한다. 서막 시작, 1막 종결, 2막 시작, 클라이맥스(밤 11시의 노래), 피날레가 바로 그러한 지점이지만 가장 중요한 지점은 역시 서막이다. 특히 뮤지컬은 정극과 달리 관객이 빠르게 극 속으로 빠져들도록 해야 한다. 몇 마디 대사와 서곡으로 속도감 있게 나가야 하므로, 시작 부분에는 반드시 극적 지점을 두어야 한다.

• 서막

평범한 노래로 서막을 열면 관객이 몰입할 수 없다. 첫 곡이 뛰어나야 다음 20분 정도를 별 무리 없이 밀고 나갈 수 있다. 따라서 뛰어난 서곡으로 관객을 극 속으로 끌어들이면서 등장인물, 장소, 등장인물 사이의 관계, 시대 배경 등이 한꺼번에 소개되어야 한다. 시대와 공간 배경은 서막에서 명확히 드러나야 하며, 나머지는 짐작의 실마리를 제공하는 정도여야 한다. 인물 소개가 늘어지면 절대로 안 된다. 그리고 시작 부분에서 작품의 콘셉트를 드러내는 것이 가장 좋다.

• 1막 종결

1막에서 일어난 주요 갈등과 사건이 정리되지만 2막의 실마리인 복선이 깔리면서 긴장감을 높여야 한다. 노래 한 곡 또는 대사 한 줄로 복선을 깔아 놓는 치밀함이 필요하다.

• 휴식(intermission)

긴장감으로 가득 찬 공연은 반드시 휴식이 필요하다. 만약 쉬지 않고 가게 되면 점점 더 강렬한 긴장감이 필요한데 그렇게 하기는 어렵기 때문이다. 1막의 마지막에서 고조된 긴장이 1차 정점에 이른 뒤 긴장을 풀고 다가올 2막을 기대하도록 만들기 위해서 휴식은 반드시 필요하다. 배우들도 간식을 먹으며 잠시 숨을 돌리고 다가올 2막을 준비해야 한다. 그러나 각 부문의 스태프와 크루들은 쉴 틈이 없다. 1막에서 일어난 문제나 사고를 임시로나마 해결해 놓아야 하기 때문이다.

휴식 시간은 관객들이 긴장을 푸는 시간이지만 공연장 내에서는 극의 분위기를 유지하는 것도 중요하다. 그래서 극장 안에서는 다른 오케스트라가 지금까지 나온 노래를 연주하거나 녹음된 음악을 틀어 분위기와 느낌을 유지한다. 극장 밖에서는 공연과 대조되거나 무관한 짧은 공연을 하기도 한다. 작품의 콘셉트와 관련된 서비스를 제공하거나 여리판*을 열어 관객들이 긴장을 풀고 또 다른 즐거움을 느끼게 하는 것도 좋은 일이다. 한편 휴식 시간은 공연 관련 상품을 파는 기회로 활용할 수도 있다.

• 2막

긴장감이 높아진 상태에서 1막을 종결하고 긴장을 완화하는 휴식 시간을 거쳐 새로운 긴장이 시작되는 2막으로 진행된다. 2막은 더욱 격렬하며 긴장감은 최고조에 이르러 피날레로 가야 한다. 여기에서 주의할 점이 있다. 1막의 마지막 춤과 노래가 2막 시작에서 이어지거나 다시 시작되면

....

* 상점 앞에서 손님을 끌어들여 물건을 사도록 한 뒤 주인으로부터 대가를 받는 여리꾼에서 유추하여 지은 이가 만든 말로, 판을 벌여 사람을 모은다는 뜻이다. 흔히 쓰이는 이벤트와 비슷한 뜻이다.(편집자 주)

지루할 수밖에 없다. 마찬가지로 1막에서 재미를 봤다고 해서 같은 유머를 다시 쓰는 것도 지루하다. 2막에서는 웃음이 그리 중요하지 않다. 웃음을 남용하면 등장인물에 대한 감정이입을 방해하게 되고 결국 산만한 공연이 되어 버린다. 멋진 농담이라도 인물의 성격 파악이나 감정이입에 장애가 된다면 과감히 없애야 한다.

한편 2막은 1막과 대비되어야 한다. 1막이 정적이고 닫힌 무대였다면, 2막은 동적이고 열린 무대로 구성해야 지루하지 않다. 그렇다고 해서 개연성과 일관성을 무시해서는 안 된다. 2막은 1막의 결과로서 논리적 개연성을 유지해야 한다. 반전이 일어난다고 하더라도 개연성 속에 있어야지 뜬금없는 반전은 관객을 어리둥절하게 하고 몰입을 방해한다.

• 밤 11시의 노래

과거 뮤지컬이 유한계급의 전유물이던 시절에는 2막의 절정이 11시경에 있었기 때문에 나온 용어이다. 그러나 지금도 '절정을 나타내는 대규모 합창곡'을 가리키는 말로 남아 있다.

'밤 11시의 노래'는 주제를 말해 주고 줄거리상의 결론을 이끌어 내며 극을 절정으로 몰고 가는 노래이다. 당연한 이야기지만 감정이입을 깨서는 안 되며, 솔로곡일지라도 전체 합창과 다름없이 격조가 높아야 하고, 깊은 감동을 불러일으키는 곡이어야 한다.

• 전체 합창곡

관객들은 종종 군중이 무대를 뒤덮는 장면을 기대한다. 화려함과 역동성이 카타르시스와 함께 감동을 더하기 때문이다. 그래서 막에 따라 전체 합창곡을 서너 곡은 두어야 하는데, 욕심을 부려 합창곡이 이어지는 것도 좋은 일은 아니다. 극이라고 하는 것은 대조, 대비, 높낮이의 차이가 균형을 이루어야 하는 법인데 합창곡만 이어지거나 군중 장면만 이어지면 단조롭고 지루한 무대가 되기 때문이다.

• 피날레

황금기의 뮤지컬은 해피엔딩이었지만 피날레가 반드시 해피엔딩이어야 할 필요는 없다. 그러나 항상 숭고한 느낌으로 관객을 감동시켜야 하며, 관객으로 하여금 작품의 의미와 주제에 공감하게 만들어야 한다. 밤 11시의 노래에서 이미 결론은 난 상태이므로 피날레 곡이 없는 작품도 있다.

□ 다시 쓰기

작품이 완성된 뒤 들여다보면 수많은 허점이 보이게 마련이다. 따라서 작품을 재평가하고 수정, 개작해야 하는데, 이때 여러 사람들의 도움과 충고가 필요하다.

• 유머

심각한 내용일지라도 일시에 긴장을 풀어 주는 웃음이 꼭 필요한 대목이 있기 마련이다. 코미디의 본질은 기대나 예상을 뛰어넘는 데 있다.

논쟁은 웃음을 끌어낼 수 있는 좋은 소재이다. 그러나 말장난으로 인물에 대한 애정을 끌어낼 수는 없다. 웃음과 눈물이 교차하는 지점이 최고 순간이며, 그 순간을 포착하여 끌어내는 진정한 유머가 인물을 이해하게 만든다. 지저분한 농담, 속어, 외설 따위로 자아내는 값싼 웃음은 안 하느

니만 못한 때도 있다. 쓰더라도 꼭 필요할 때, 그 인물을 인간답게 그려 내는 것이어야 한다. 삶에 관한 문제로 웃음을 끌어내는 것이 가장 좋다.

• 리프라이즈(reprise)

앞서 나온 노래가 반복되는 것을 말한다. 노래가 반복된다고 해서 극의 흐름이 뒤로 돌아가서는 안 된다. 노래는 항상 극이 앞으로 나아가도록 해야 하며, 다시 들어도 편안해야 한다. 반복되는 노래이므로 친근감, 통일성, 일관성을 유지하는 데 도움이 되지만 지루해지면 안 된다. 극 속의 상황이 변했을 때라면 가락을 변주하거나 편곡을 달리하여 상황이 변했음을 암시한다.

주의할 것이 있다. 속편은 절대로 같은 효과를 낼 수 없다는 것이다. 가락은 반복되지만 노랫말을 반복하는 것은 현명한 일이 아니다. 상황에 맞도록 노랫말도 바꿔 쓰는 것이 좋다.

• 길이와 균형

과감하게 군살을 빼야 한다. 재미있는 장면이라고 해서 마냥 늘어져서는 안 되며 전체가 균형을 이루어야 한다. 노래나 춤도 마찬가지이다. 솔로, 듀엣, 합창 또는 군무가 균형을 이루어야 하며 솔로나 듀엣에 코러스를 배치하느냐 마느냐 하는 것도 꼼꼼히 살펴한다.

장면의 속도감도 균형이 맞아야 한다. 계속 몰아치기만 하면 불편하고 마냥 늘어지면 지루하다. 긴장과 이완을 적절히 배치하면서 긴장을 높여가야 한다. 그러므로 감정이 극점에 도달하도록 만들기 위해 장면 순서를 바꿔야 할 때도 있다.

• 일관성

긴 세월에 걸친 이야기를 통해 인물의 성격이 변하고 그것이 이야기를 풍성하게 만드는 것은 당연하다. 그러나 인물의 성격이 변한다고 해서 장면마다 다른 성격이 나타나서는 안 되며 반드시 개연성에 따라 이루어져야 한다. 인간의 본디 마음에서 비롯되어야 하는 것이지 상황에 따라 억지로 꿰어 맞추어서는 안 된다는 것이다. 이는 이야기 전개 구조나 주제와도 잇닿아 있는 것이어서 인물과 이야기의 일관성이 유지되지 못하면 이야기가 엉성해지는 것은 말할 것도 없고 주제도 흐릿해진다. 중요한 것은 배우 자신의 솔직한 목소리로 스스로 말하게 하는 것이다.

• 인물의 차별화(particularization)

소설, 연극, 영화 속 인물을 캐릭터(character)라고 부르는데, 이는 이름, 외모, 직업과 같은 인물의 겉모습만 가리키는 말이 아니다. 성격, 그것도 다른 캐릭터와 구별되는 개성을 뜻한다.

작품의 주제는 이러한 등장인물의 사고와 행동, 그리고 인물 사이의 갈등과 대립을 통해 드러나는 것이므로, 인물을 소개할 때 당연히 그 인물의 개성을 드러내야 한다. 이는 극 중 화자나 해설자가 직접 소개할 수도 있고, 그 인물의 행동이나 대화를 통해 간접적으로 드러날 수도 있다.

인물은 극 속에서 변하고 발전하는 인물과 성격이 고정되어 동일한 면을 유지하는 인물이 있는데, 앞의 인물을 '입체감이 있다' 또는 '살아 움직인다'라고 표현할 수 있다. 이렇게 살아 움직여 생동감이 넘치는 인물을 창조해야만 다른 인물과 높낮이가 확연히 구별되어 작품에 활력이 넘치게 된다. 그러나 입체감이 없는 인물이라고 해서 개성까지 없는 것은 아니며, 어떤 인물이든지 입체성과 평면성을 동시에 지니고 있기 마련이다. 중요한 것은 사실성을 확보하는 것이다.

인물 소개 방법

직접 소개(해설)	간접 소개(묘사)
말하기(telling) : 화자나 해설자가 인물의 성격을 설명한다. 사실성, 현실감이 떨어진다.	보여주기(showing) : 행동이나 대화를 통해 성격을 짐작한다. 작가의 생각을 나타내는 데 한계가 있다.

• 시의성

작품이 말하고자 하는 바, 곧 주제는 시대정신과 맞아야 한다. 제작 당시에 유행하는 것을 따라가는 것은 위험하다. 공연을 무대에 올릴 때쯤이면 이미 낡은 것이 될 수도 있다. 유행을 좇지 말고 시대를 앞서 가는 예측을 기반으로 대본을 써야 한다. 가장 좋은 것은 보편적 가치를 추구하는 것이지만, 그렇다고 해서 낡고 고리타분한 이야기로 극을 이끌어서는 안 된다.

• 감정

어리석은 감상이나 꾸며낸 감정이 아니라 정직한 감정을 바탕으로 작품을 전개해야 한다. 한국 사람들이 유난히 신파에 약하고 욕을 퍼부으면서도 텔레비전 막장 드라마를 본다고 하지만, 감정이 흘러넘치거나 현실성이 없는 감상이 작품을 지배하게 해서는 안 된다.

• 대본 복사

연습을 계속하다 보면 긴장과 압박감이 점점 심해진다. 별 것 아닌 작은 일에도 감정이 폭발할 수 있고, 수정한 내용을 서로 다르게 알고 있어 연습이 헛돌 수도 있다. 배우와 스태프에게 주는 대본은 잘 정리된 깔끔한 것이어야 한다.

한편 초고와 지난 원고도 잘 보관해야 한다. 대본을 고치다 보면 원래 대본으로 되돌아갈 때도 있거니와 때때로 들추어 보면서 작품을 시작할 때의 아이디어와 감흥이 살아 있는지 늘 따져 봐야 하기 때문이다.

■ 노랫말을 쓸 때 주의할 것들

□ 시와 노랫말의 차이

시는 음악과 언어의 성격을 동시에 지니고 있으며, 눈과 감정에 호소한다. 반복해 읽고 여러 번 음미하면서 그 의미가 서서히 완성된다. 노랫말은 그렇지 않다. 음악이 추가되어야 비로소 살아 움직이게 되며, 귀와 감정에 호소한다. 한 번 듣고도 메시지를 파악할 수 있고, 템포를 따라 진행되면서 그 의미가 단번에 완성된다.

□ 언어

대사(언어)에서 노래(음악)로 이어지는 부분이 억지스럽게 보이면 안 되기 때문에 작사가는 대사와 노래의 이음새에 틈이 없도록 해야 한다. 이것은 시간의 연속을 말하는 것이 아니다. 극 진행을 도와 앞으로 나아가도록 하면서 시점에 맞는 감정을 고조시켜야 한다는 것이다.

역사 속 이야기를 다룬다고 하더라도 과거의 잘못된 글쓰기를 하면 안 된다. 기본이 모자란 사람들이 '시적 파격'이라는 겉치레를 쓰고 뜬금없이 비약하거나 예스런 낱말을 쓰는 때가 있는데 이는 좋지 않다. 노랫말이 튀는 느낌을 주고 관객을 어리둥절하게 만들기 때문이다.

상상, 은유, 운율의 효과도 남용하면 안 된다. 이런 효과를 남용하고 글재주에만 의존하면 '솔직함'이 사라지고 감정이입을 방해한다. 결국 인물의 생명력이 죽게 된다.

• 각운과 두운

뮤지컬의 노랫말은 각운을 자주 사용하지만 남용은 금물이다. 지식을 과시하는 어려운 단어나 말장난보다는 자연스런 말투가 좋다. 게다가 각운을 자주 쓰게 되면 관객은 다음 각운을 기다리게 되고, 결국 관객의 관심이 줄거리에서 벗어나게 된다. 관객이 각운을 기대하게 할 것이 아니라 단어의 의미에 귀 기울이게 해야 한다. 재치 있는 각운이라 하더라도 의미 전달에 방해가 되면 안 된다. 두운도 노래에 활기를 불어넣는 재치 있는 방법이지만 이것도 남용하면 재미를 지속하기는 어렵다.

• 피해야 할 것들

첫째, 노랫말은 글자를 읽는 것이 아니라 소리로 들리는 것이므로 동음이의어를 사용하는 것은 좋지 않다. 둘째, 음절 길이를 정확히 맞추면 단조로워진다. 템포는 정해져 있지만 음절 수를 조절해서 속도를 바꿀 수 있다. 셋째, 한정된 음표를 채우기 위해 음절 수를 줄이는 단축형, 음절 수를 늘리는 보충형 또는 무의미한 단어, 감탄사 따위는 꼭 써야 한다면 모르지만 남용해서는 안 된다. 또한 빠른 템포에 장음절 단어를 사용하면 노랫말을 알아들을 수 없고, 느린 템포에 단음절을 사용하면 노래가 지루해지며, 인접한 노랫말에 비슷한 자음을 쓰면 소리가 뭉개지기 때문에 주의해야 한다.

■ 노랫말과 음악 작업

어떤 뮤지컬이 기억에 남는다면 그것은 대부분 노래와 노랫말 때문이다. 노래야말로 뮤지컬을 뮤지컬답게 만드는 가장 중요한 요소이며, 뮤지컬이 멋진 작품으로 남는 데 꼭 필요한 조건이다. 그러므로 노랫말과 가락을 쓰는 사람의 능력이 뮤지컬 공연의 성공과 흥행을 좌우한다고 해도 지나친 말이 아니다. 노래와 노랫말은 극의 진행과 맞아야 하며, 등장인물의 성격과도 조화를 이루어야 하는데, 이점을 잘 인식한 짝이 리처드 로저스와 오스카 해머스타인 2세이다.

노랫말은 노래에 의미를 주고 대본과 음악을 이어 주며 대사나 연기가 나타내지 못하는 정서를 전해 준다. 따라서 라이선스 공연에서 노랫말을 우리말로 옮길 때에는 특히 주의해야 한다. 글자의 뜻에 얽매이거나 음절 수만 맞춘다고 해서 원작의 감동이 전해지는 것은 아니다. 외국어와 우리말은 운율이 다르고 표현 방식이 다르기 때문이다. 때로는 잘 번안된 노래가 원곡보다 더 큰 감흥을 불러일으키기도 한다. 번역이나 번안도 창작임을 잊어서는 안 된다.

작곡은 감성적인 대사를 가락으로 표현하는 것으로 노랫말에 더 큰 생기를 불어넣어 극에 활기를 더한다. 노래를 통해 길고 복잡한 이야기와 감정을 단번에 해결할 수 있으므로, 대본을 간결하게 정리하는 데 도움이 되며 시각 효과를 높일 수도 있다. 주의할 것은 음악이 이야기를 진행시켜야지 후퇴시키면 안 된다는 것이다.

■노래 붙이기의 요령

□ 노래 붙일 장면 고르기(spotting)

노래가 필요한 순간을 뽑아내는 작업이다. 이 작업은 2차 대본이 완성되면서 시작되는데, 뮤지컬 제작에서 가장 중요한 단계이다. 대본이라는 산문을 노랫말이라는 운문으로 압축해야 하므로, 대본을 철저히 연구하여 공연 콘셉트를 잡아내는 것은 물론 대본 작가, 작사가, 작곡가의 상상력이 잘 맞아떨어져야 노래가 필요한 순간을 정확히 뽑을 수 있다.

□ 클라이맥스 찾아내기

노래를 통해 긴장을 고조시켜 절정으로 가거나 반전을 만들 수 있는 지점이다. 대본도 중요하지만 클라이맥스에 잘 어울리는 노래를 만들어야 한다.

□ 인물 만들기

인물의 정체성(identity)을 만들어 내야 개연성을 확보할 수 있다. 인물의 정체성은 대본과 노래를 통해 구축되는데, 연기보다 노래가 효과적이라면 대사는 삭제하는 것이 마땅하다.

□ 무대화

만든 음악을 무대에 적용하면서 어떻게 들릴지 상상하고 자신이 느낀
이미지를 연출가와 안무가에게 설명하여 연극적 자극을 제공해야 한다.

□ 작업 방법

보통 노래를 지을 때 노랫말을 먼저 만들고 노랫말의 운율과 감흥을 따
라 가락을 짓는다. 그러나 뮤지컬에서는 가락을 먼저 만들고 노랫말을 붙
일 때가 많은데, 논리가 좀 안 맞기는 하지만 장점도 있다. 음악이 노랫말
을 제약하기는 하지만 오히려 노랫말이 간결해지기도 하며 작사가가 느
낄 수 없는 감정을 음악이 제공하기도 하기 때문이다.

정해진 규칙은 없다. 중요한 것은 아이디어를 엮는 것이다. 작사가와
작곡가의 서로 다른 아이디어가 어우러지면 노랫말과 가락이 통일된 매
끄러운 음악이 나온다.

순식간에 노래가 만들어지는 경우도 있는데, 이것 또한 주제와 배경에
대해 오랫동안 고민하고 아이디어를 찾으려고 애썼기 때문이다.

□ 루티닝(routining)

노래를 공연에 맞게 배치하고 조정하는 것을 말한다. 누가 어떤 노래를
부르는가, 코러스 가운데 솔로는 누가 하는가, 솔로에 코러스를 붙일 것
인가, 코러스는 몇 번이나 쓸 것인가를 비롯하여 노래의 템포, 강약, 반주
형식 따위를 결정해야 한다. 루티닝이 확정돼야 오케스트라 편곡에 들어
갈 수 있다.

□ 편곡

작곡자보다는 다른 사람이 편곡하는 것이 좋다. 작곡자가 만든 본디 가락에서 풍성한 색깔이 나와야 하기 때문이다. 따라서 작곡자는 편곡자에게 애초 생각한 이미지를 설명하고, 편곡자는 작곡자의 의도를 파악하는 과정이 필요하다. 주의할 것은 반주를 지나치게 풍성하게 만들거나 원곡의 가치, 미덕, 의도 따위를 훼손하면 안 된다는 것이다.

믹싱(mixing)

녹음할 때는 악기와 노래 성부에 따라 여러 채널이 동원되는데 여러 채널의 소리를 가장 듣기 좋은 상태로 조합하는 과정이다.

매스터링(mastering)

여러 채널로 녹음된 소리를 스테레오, 곧 2개 채널로 합치는 과정이다. 디지털 노이즈(digital noise)를 제거하는 일도 이때 한다.

□ 음역 선택과 조옮김

조에 따라 노래의 음역이 달라지고 이에 따라 곡의 느낌이 달라진다. 그러나 배우 개개인의 특성을 고려하여 가수가 편안하게 부를 수 있는 음역으로 바꾸어 주어야 한다. 그래서 어떤 때는 기용할 배우를 염두에 두고 그의 음역에 맞춰 작곡하기도 한다.

□ 데모 녹음하기

오케스트라 반주는 필요 없고 연습 피아니스트가 반주한다. 백 코러스와 더빙은 불필요하지만 노래의 가치를 효과적으로 전달할 수준은 되어야 한다. 주로 데모 전문 스튜디오에서 데모 전문 가수를 불러 녹음한다.

데모 가수는 악보를 잘 읽고 곧바로 노래를 파악할 수 있어야 하고, 요청에 따라 특정 음색을 낼 수 있어야 하며, 음역이 넓어서 다양한 노래를 소화할 수 있어야 한다. 그리고 데모 가수는 이른바 '찍어가기'*에 능숙해야 한다. 스튜디오는 곧 돈이기 때문이다. 데모 가수에게 깔끔하게 정리된 악보를 주어야 하는 것은 말할 나위도 없다.

■춤 작업

춤은 연기의 일부이며 무대장치, 의상과 함께 주요 볼거리 가운데 하나이다. 노래와 마찬가지로 춤은 주제와 분위기에 맞아야 하며 음악과 일체감이 있어야 한다.

최근 댄스 뮤지컬이 등장할 정도로 뮤지컬에서 춤의 비중이 높아지고 있다. 이는 춤이 대사, 노래, 이야기 전개를 대체할 수 있다는 자신감의 표현이다.

뮤지컬에 쓰이는 춤 형식

오프닝 넘버 (opening number)	극의 도입부에서 작품의 분위기를 설정하기 위해 추는 춤
독무(solo)	배우 혼자 연기자의 개성, 감정, 성격 따위를 나타내는 춤. 노래의 간주 부분에 둘 때가 많다.
듀엣(duet)	배우 둘이 춘다. 아름다운 사랑이나 거친 감정 대립을 나타낼 때 쓴다.
앙상블(ensemble)	화합이나 대립을 보여 주는 춤이다.

* 녹음 과정에서 실수나 모자란 곳이 나올 수 있기 때문에 전체를 여러 번 녹음하거나 잘못된 곳만 다시 녹음하여 잘된 것을 골라 편집하는 것을 말한다.

프로덕션 넘버 (production number)	장엄하고 화려한 장면을 만들기 위해 떼를 지어 춘다. 오프닝넘버와는 달리 쇼의 성격이 강하며 절정부에 둔다.
드림 발레 시퀀스 (dream ballet sequence)	주로 설명, 예시, 상징을 나타내는 춤인데, 극으로 나타내기 어려운 장면을 인상 깊게 만들기 위해서 배치한다. 「오클라호마!」의 리처드 로저스와 오스카 해머스타인 2세에게서 비롯된 것인데 논쟁, 대립, 결투, 전쟁과 같은 장면을 뚜렷이 나타낼 때도 쓸 수 있으며, 장면이 바뀌는 곳(cross over)에 두어 장면과 장면을 부드럽게 연결시켜 주기도 한다.

4. 오디션과 배역

■오디션(audition)

오디션은 배역에 맞는 인물을 선정하는 과정이다. 적절한 인물을 기용해야 작품이 성공할 수 있으므로 엄격하고 냉정하게 평가해야 한다. 따라서 공개 오디션(open call, cattle call)이 원칙이다. 공개 오디션에서 선발된 배우를 대상으로 적당한 배역을 맡기기 위한 2차 오디션(callback)도 몇 차례에 걸쳐 이루어진다.

공연 홍보나 흥행을 위해 유명 배우나 가수를 캐스팅하는 일은 줄어드는 추세지만 스타가 관객을 끌어모으는 효과가 있는 것은 분명하다. 그러나 잊지 말아야 할 것은 스타를 위해 공연하는 것이 아니라 공연을 위해 스타를 기용한다는 것이다. 스타라고 해서 모든 요구를 다 받아 줄 수는 없다. 배역에 맞지 않거나 능력이 부족하면 빼거나 조연을 맡겨야 한다. 연출가나 프로듀서는 물론이거니와 기용되는 스타도 이 점을 잊으면 안 된다. 그러므로 개인 친분 때문에 위험을 무릅쓰면서까지 스타를 기용하려 해서는 안 되며, 세간의 평가에 영향을 받아서도 안 된다.

■뮤지컬 배역의 종류

□ 메인(main)

말 그대로 주인공이다. 리딩 액터(leading actor)가 맞는 말이지만 국내에서는 주로 메인이라고 부른다. 공개 오디션에서는 주역을 따내기 위해 눈에 보이지 않는 치열한 경쟁이 벌어진다.

□ **앙상블(ensemble)**

주요 배역을 맡지 않고 합창이나 군무를 맡은 배우를 가리킨다.

□ **얼터니트(alternate)**

주역이지만 중요도가 떨어지는 공연에 대신 투입되는 배우이다. 메인 배우가 주 공연(주말 공연)을 맡을 때 나머지 공연(평일 공연)을 맡는다. 때로 이들은 그 배역의 언더스터디를 겸하기도 한다.

□ **언더스터디(understudy)**

말 그대로 배역을 공부하고 있다는 뜻으로, 줄여서 '언더'라고도 부른다. 메인 배우와 같은 배역으로 캐스팅되지만 '더블 캐스팅'급은 아니고 무대 뒤에서 기다리다가 메인 배우가 사고로 출연할 수 없게 된다든지 해서 기회가 오면 무대에 선다. 커버하지 않을 때에는 공연에서 다른 배역 또는 코러스를 담당하며, 평소에도 특정 배역을 맡아 공연에 투입된다는 점이 스탠드바이와 다른 점이다.

□ **스탠드바이(standby, 스탠바이)**

자신만의 배역이 없어 평소에는 해당 공연에 투입되지 않고 대기하고 있다는 뜻이다. 주인공과 주연급 스타들에게만 배당되는 경우가 많다.

□ 커버(cover)

언더스터디나 스탠드바이와 비슷하지만 좀 더 자유롭게 사용 가능한 말이다. 메인 배우가 부득이하게 자리를 비울 때 투입되는 대역 또는 대역을 맡는 일을 가리키며, 조연이나 앙상블 배우가 맡는다. 따로 연습할 시간이 없으므로 '알아서' 주연의 역할을 익히는 것이 커버 배우의 핵심 능력이다.

□ 스윙(swing)

앙상블을 맡은 배우가 여러 가지 사정으로 출연하지 못할 때 투입되는 앙상블의 대역을 말한다. 그야말로 수많은 역할을 오가며(스윙해 가며) 대역을 맡기(커버하기) 때문에 스윙이라고 부르는데, '멀티 플레이어(multi-player)'가 맞는 말이다. 배역을 정해 놓고 담당하지는 않지만 코러스에 소속되어 있는 언더스터디가 주요 배역을 커버한다든지 또는 휴가를 간다든지 해서 자리를 비우면 평소에 언더스터디가 맡았던 코러스의 비는 부분을 커버한다. 여러 앙상블의 춤과 위치를 모두 알고 있어야 하기 때문에 순발력과 노련함을 갖춘 배우가 담당한다. 대부분 공연에서는 남녀 스윙을 각각 1명씩 둔다.

5. 뮤지컬 노래의 형식

■ 뮤지컬 노래의 형식

뮤지컬 노래는 보통 8마디 1악절로 4악절 32마디 곡이 주류였지만 현재는 찾아보기 어렵다. 뮤지컬 노래는 크게 세 가지 형식으로 구분할 수 있다.

첫째, 대중가요 형식(AABA)이다. A와 B를 8마디씩 짓고, 전체는 32마디 노래가 된다. 결국 A와 B 16마디를 작곡하면 된다. 이때 B를 브리지(bridge) 또는 릴리즈(release)라고 한다. 대중에게 친숙하고 쉽게 따라 부를 수 있다는 장점이 있지만, 노래가 단순하여 다양하고 폭넓은 감성을 담기는 어렵다. 「캣츠」의 〈Memory〉, 「오페라 유령」의 〈Think of Me〉 등을 예로 들 수 있다.

둘째, 공연곡 형식(ABAC)이다. 역시 32마디로 지으며 A, B, C 각각 8마디씩 24마디를 작곡하면 된다. 「왕과 나」의 〈Getting To Know You〉, 「순항 연예선」의 〈Bill〉 등을 예로 들 수 있다.

셋째, 독창부 코러스 형식이다. 짧은 코러스나 후렴구가 자주 끼어드는 이야기에 적합한 형식이다. 독창부는 8마디, 코러스는 4마디를 넘지 않는 게 보통이다. 「웨스트사이드 스토리」의 〈Gee Officer Krupke〉, 「아가씨와 건달들」의 〈Sue Me〉, 「키스 미, 케이트」의 〈Where is Life That Late I Led〉 등을 들 수 있다.

그러나 굳이 어떤 형식을 따라 곡을 끼워 맞출 필요는 없다. 형식은 통일성과 균형을 이루기 위한 수단이지 결코 족쇄는 아니기 때문이다. 형식의 경계를 뛰어넘어야 할 때도 있고, 날카롭게 압축해야 할 때도 있으므로 형식에 묶여 허우적거릴 필요는 없다. 이는 통일성을 무시해도 좋다는 말이 아니다. 자유 형식곡이라 할지라도 주제 멜로디를 발전, 변화시킨 뒤 주제로 돌아가 통일성을 유지해야 한다.

「마이 페어 레이디」 악곡 분석

곡목	형식
Why Can't the English?	자유 형식
Wouldn't It Be Loverly?	AABA
With a Little Bit of Luck	독창부 코러스
I'm an Ordinary Man	독창부 코러스
Just You Wait	AABA
The Rain in Spain	독창부 : 자유 형식, 코러스 : 자유 형식
I Could Have Danced All Night	전주 독창부, 코러스 AABA
Ascot Gavotte	AABCAA : 클래식 가보트
On the Street Where You Live	AABA
You Did It	자유 형식
Show Me	전주 독창부, 코러스 AABA
Get Me to the Church on Time	AABA와 확장
A Hymn to Him	자유 형식
Without you	AABA
I've Grown Accustomed to Her Face	ABAC와 간주곡

「카바레」 악곡 분석

곡목	형식
Willkommen	ABA
So What?	독창부 코러스
Telephone Song	독창부 코러스
Don't Tell Mama	전주 독창부, 코러스 AABA
Perfectly Marvellous	ABAC
Two Ladies	독창부 코러스

It Couldn't Please Me More	AABA
Tomorrow Belongs to Me	4행 성가 스탄자*
Married	AABA
Meeskite	독창부 코러스
If You Could See Her	ABAC
What Would You Do?	독창부 코러스
Cabaret	AABA : 간주곡과 확장

「오페라의 유령」 악곡 분석

곡목	형식
Think of me	AABA
Angel of Music	AABB
The Phantom of the Opera	AABC
The Music of the Night	AABC
Prima Donna	ABAC
All I Ask of You	독창부 : AA, 코러스 : ABAC와 확장
Masquerade	자유 형식
Wishing You Were Somehow Here Again	독창부 : AA, 코러스 : AABC
The Point of No Return	AABA

■ 뮤지컬 노래 제작 시 염두에 둘 것

□ 노래 제목

뮤지컬 노래의 제목은 극의 상황을 간결하게 말할 수 있어야 하며, 타이틀곡을 만드는 것도 매우 바람직하고 때로 필수적이다. 타이틀곡이 인기를 끌게 되면 많은 사람들의 입에 뮤지컬의 제목이 오르내릴 뿐만 아니라 사람들이 흥얼거리는 선율이 상업적 힘의 바탕이 되기 때문이다.

....
* 각운이 있는 시구를 말한다.

□ 음역

사람마다 낼 수 있는 음역에 차이가 있기 때문에 노래를 만들고 캐스팅할 때 신경을 써야 한다. 배우가 그 노래를 부르지 못한다면 의미가 없기 때문이다. 그래서 조(調, key)옮김을 통해 배우가 부를 수 있는 음역으로 바꾸기도 하고, 노래의 음역에 맞춰 배우를 뽑을 때도 있다. 문제는 스타가 기용될 때이다. 이때는 스타의 음역에 맞춰 작곡을 하기도 하는데, 기용되는 스타의 음역이 좁다면 코러스에서 문제가 발생할 수도 있다는 것을 염두에 두어야 한다.

조옮김과 조바꿈은 다르다. 조옮김은 배우의 음역에 맞게 곡 전체의 조를 바꾸는 것이다. 조에 따라 음역이 달라지므로 노래의 느낌도 달라진다. 조바꿈은 노래 가락이 일시적으로 조를 바꿨다가 원래 조로 돌아오는 것을 말한다. 작곡가는 조바꿈을 통해 단조로운 노래에 변화를 주고 지루함을 피할 수도 있다.

□ 대위 선율

대위 선율은 가락과 노랫말이 서로 다른 두 노래가 동시에 진행되는 것이다. 서로 다른 가락과 노랫말이 섞이므로 노랫말이 제대로 들리지 않을 수 있다는 단점이 있지만, 대조되는 장면이 동시에 펼쳐질 때나 두 인물의 갈등과 대립을 동시에 나타낼 때 사용하면 효과를 볼 수 있다.

□ 연극성

뮤지컬의 노래는 음악적 효과와 연극적 효과를 최대한 발휘하여 관객의 마음을 사로잡을 수 있는 매력 넘치는 가락이어야 한다.

음과 음 사이가 1옥타브 벌어지는 옥타브 진행은 천상에 오르는 느낌을 준다. 영화 「오즈의 마법사*The Wizard of Oz*」(1939)에 나오는 〈*Somewhere over the Rainbow*〉나 만화영화 「피노키오*Pinocchio*」에 나오는 〈*When You Wish upon a Star*〉에서 찾아볼 수 있는 진행이다.

이 밖에 밝고 안정된 느낌을 주는 장4도 진행, 경이로운 느낌을 주는 증4도 진행 따위가 있다.

영화 「러브스토리*Love Story*」(1970)의 주제가 〈*Where Do I Begin*〉에서 단조로 떨어지는 6도 진행은 매우 낭만적으로 들린다.

□ 단어의 억양

노랫말의 억양과 상관없는 가락은 노랫말과 따로 떨어져 놀게 된다. 노랫말의 억양을 담아 장면에 내재된 감정을 이끌어 낼 수 있는 음과 가락을 선택해야 훌륭한 노래가 나온다. 그러므로 대본 작가, 작사가, 작곡가가 자신의 생각을 활발히 나누고 돕고 힘을 합쳐야 한다.

문제는 라이선스 공연이다. 번역가라는 사람들은 언어의 음악성을 깊이 살피지 않는다. 노랫말을 우리말로 옮겨 놓지만 글자 뜻대로 음절 수만 맞추는 게 보통이라서 노랫말의 억양과 가락이 잘 어울리지 않게 된다. 번역 또는 번안된 노래를 들을 때 뭔가 불편하고 감흥이 잘 일지 않는 것은 이 때문이다. 그래서 번역가도 연습을 자주 지켜보면서 가락과 어울리는 노랫말을 찾아 다듬어야 한다고 생각한다. 그러나 이것은 번역가의 성의에 기댈 일이 아니라 결국 돈 문제이다. 제작자와 연출가가 좀 더 욕심을 내길 바랄 뿐이다.

한국 사람들이 좋아하는 뮤지컬 넘버

곡명	뮤지컬	작곡가
Memory	Cats	Andrew Lloyd Weber
The Phantom of the Opera All I Ask of You The Music of the Night	Phantom of the Opera	Andrew Lloyd Weber
Summer Night	Grease	Warren Casey
This is the moment Once upon a Dream	Jekyll & Hyde	Frank Wildhorn
All that Jazz	Chicago	John Kander
I Still Believe Sun and Moon The Last Night of the World	Miss Saigon	Claude-Michel Schönberg
Do You Hear the People Sing? On My Own One Day More	Les Misérables	Claude-Michel Schönberg
Le Temps Des Cathedrales Belle Bohèmienne	Notre Dame de Paris	Riccardo Cocciante

곡명	뮤지컬	작곡가
Seasons of Love	Rent	Jonathan Larson
Tonight	West Side Story	Leonard Bernstein
Can You Feel the Love Tonight Hakuna Matana	Lion King	Elton John
Don't Cry for Me Argentina	Evita	Andrew Lloyd Weber
Superstar I Don't Know How to Love Him	Jesus Christ Superstar	Andrew Lloyd Weber
The Sound of Music Do Re Mi Song My Favorite Things Edelweiss	Sound of Music	Richard Rodgers
Cabaret	Cabaret	John Kander
Singing in the Rain	Singing in the Rain	Nacio Herb Brown
Hello Dolly	Hello Dolly!	Jerry Herman
Tear Me Down The Origin of Love	Hedwig	Stephen Trask
One	Chorus Line	Marvin Hamlisch
Shall We Dance Hello, Young Lovers	King and I	Richard Rodgers
Send in the Clowns	A Little Night Music	Stephen Sondheim
I Could Have Danced All Night	My Fair Lady	Frederick Loewe
Bali Ha'i Some Enchanted Evening	South Pacific	Richard Rodgers
Sunrise, Sunset	Fiddler on the Roof	Jerry Bock
The Impossible Dream	Man of La Mancha	Mitch Leigh

■ 뮤지컬의 음악 구조

□ 서곡(overture)

공연을 시작하기 전에 오케스트라가 연주하는 곡이다. 관객의 감정을 정돈하여 음악에 미리 익숙하게 만들고 극의 분위기를 짐작할 수 있게 해준다. 따라서 서곡은 공연 주제를 압축한 요약본이라고 할 수 있으며, 공연의 첫 인상을 결정하게 되므로 매우 꼼꼼하게 어림해서 만들어야 한다. 따로 작곡하거나 극중에 나오는 음악들을 편집하여 연주하기도 한다.

□ 오프닝 넘버(opening number), 오프닝 코러스(opening chorus)

서곡이 끝난 후 연주하는 곡으로 주로 코러스가 합창한다. 관객의 관심을 집중시켜 분위기를 잡고 현재 상황을 설명한다.

□ 제시곡(exposition)

앞으로 진행될 극 중 상황 이전에 어떤 배경과 상황이 있었는가를 설명하는 곡이다.

□ 배경 음악(background music)

대사의 배경으로 깔리는 음악이다. 작곡을 가능한 한 뒤로 미루며 앞서 부른 노래를 활용할 때도 있다.

□ 프로덕션 넘버(production number)

주제가(theme song) 또는 리드 송(lead song)이라고도 부르는 웅장하고 화려한 전체 합창곡으로 뮤지컬 노래의 하이라이트이다. 1막의 중간 또는 끝, 2막의 첫 부분에 두는데, 프로덕션 넘버야말로 연극이나 오페라와 구별되는 뮤지컬의 특성 가운데 하나라고 할 수 있다. 이는 또한 규모의 열세를 만회하는 장치가 되기도 한다.

관객은 전 출연자가 등장한 크고 화려한 군무와 노래를 좋아하므로 공연 중 이런 대형 장면이 서너 개는 있어야 공연에 활력이 생긴다. 그러나 가락의 화려함이나 어려운 기술에 집착해서는 안 되며, 어렵지 않은 선율을 이용하여 가장 마지막 단계에서 구상한다.

□ 리프라이즈(reprise)

중요한 순간에 앞에 나온 넘버를 반복 연주하는 것을 말한다.

□ 쇼 스토퍼 송(show stopper song)

쇼 스토퍼가 부르는 노래인데 관객의 박수나 환호 때문에 극의 진행이 사실상 끊기게 되므로 붙은 이름이다. 쇼 스토퍼는 재미있는 노래나 연기를 통해 기분을 전환해 주는 일종의 광대 구실을 하는 배역이다.

□ 아리아(aria)

남녀 주인공의 사랑과 슬픔을 담고 있거나 작품의 주제를 나타내는 노래이다. 독창이나 이중창이 많으며 '뮤지컬은 아리아를 위해 공연한다'는 말이 있을 정도로 매우 중요한 노래이다.

□ 음반용 노래와 공연용 노래

익숙한 노래가 공연에서 나올 때 특별한 감흥이 생긴다. 음반용 노래는 뮤지컬에 쓰일 노래를 먼저 발매하여 대중의 반응을 알아보는 것인데, 이른바 '이식(interpolation)'이라는 수법이다. 과거 미국의 틴 팬 앨리에서 신곡을 악보로 출판하기 전에 먼저 호텔 바나 레스토랑에서 연주하게 하여 반응을 알아보던 일에서 비롯되었다.

음반 녹음을 할 때 공연을 염두에 두고 공연의 정서를 살리기 위해 노력하는 것은 당연하다. 그러나 공연에서 부르는 노래는 녹음된 노래와는 결이 다를 수밖에 없다. 음반으로 먼저 알려진 노래를 공연장에서 부를 때는 녹음할 때의 감정이 아니라 극의 상황에 집중한 노래, 공연장의 분위기에 녹아드는 노래가 되어야 한다. 공연에 충실한 노래가 관객을 감동시킨다는 점을 잊지 말아야 한다.

□ 대위법을 이용한 동시 합창곡

각기 독립적인 여러 선율을 조화롭게 배치하는 작곡 기술을 대위법(counterpoint)*이라고 한다. 노랫말이 뒤섞일 염려는 있지만 서로 다른 감정선을 동시에 표현할 수 있다. 한 가락은 빠르게, 다른 한 가락은 느리게 하여 대조를 이루는 것이 일반적이다.

□ 커튼콜(curtain call)

공연이 끝난 뒤 배우들이 관객들의 환호에 답하는 의미에서 극 중 주요 멜로디나 아리아, 합창곡 등을 편집하여 부른다.

□ 퇴장 음악

공연이 끝나고 관객들이 나갈 때 연주하는 음악이다. 커튼콜에 이어 관객들이 일어서서 나가는 뒤로 극 중 음악을 연주하는데, 관객들이 공연의

---

* '점 대 점(點對點)'이라는 뜻이지만, 점은 곧 음표이므로 '음표에 대한 음표', 나아가서 '멜로디에 대한 멜로디'라고 해석할 수 있다. 서로 다른 선율을 어울리도록 배치하는 과정에서 화성법이 발달하게 되었다.

여운을 안고 돌아가도록 만드는 수법이다. 커튼콜은 관객이 빨리 빠져나가도록 원래 속도보다 빠르게(up tempo) 연주하며, 관객이 로비에서 음반을 사는 데까지 이어지도록 매력 있어야 한다.

■뮤지컬의 노래 종류

□ 발라드(ballad)

뮤지컬에서만이 아니라 모든 종류의 연가(love song)를 발라드라고 한다. 노랫말도 중요하지만 가락의 아름다움에 중점을 둔다.

□ 코미디 송(comedy song)

코미디는 뮤지컬의 본질 요소 가운데 하나이다. 유머가 중요하므로 가락보다 노랫말을 중시하며 쉽고 단순한 가락으로 만든다. 주로 쇼 스토퍼가 부른다.

□ 참 송(charm song)

발라드와 코미디 송의 중간 정도라고 보면 된다. 낭만 가득한 내용으로 관중들의 마음을 사로잡아 매혹(charm)시키기 위한 노래이다.

□ 아이 엠 송(I am song)

관객에게 등장인물이나 감정 등 자신의 상황에 대해 설명하는 노래이다.

□ 아이 원트 송(I want song)

주인공이 자신이 바라는 상황을 노래하는 것이다. 앞으로 전개될 이야기에 대한 실마리를 준다.

□ 스페셜 머티리얼(special material)

극의 절정부에 두며, 주인공이 자신의 가창력을 관객에게 마음껏 보여줄 수 있도록 배려하는 차원에서 부르게 하는 노래이다.

□ 리스트 송(list song)

가벼운 장면에 삽입되며 말 그대로 갖가지 소재를 열거하는 노래이다. 비슷한 종류의 인물, 사건 등 여러 가지 정보를 함께 제공해야 할 때가 최적의 순간인데, 이 노래를 통해 인물의 성격이 드러나거나 하찮은 인물이 개성 강한 인물로 살아나기도 한다.

All About The Musical  뮤지컬 산책

부록

본문 수록 주요 뮤지컬 작품 해설

#1

Jazz Singer

줄거리

유대교 전통을 거부하는 재키(Jakie Rabinowitz)는 맥주 집에서 대중가요를 부른 것 때문에 성가대 선창자인 아버지에게 혼이 난 뒤 집을 나간다. 몇 년 뒤 잭 로빈(Jack Robin)이라는 유망한 재즈 가수가 된 그는 뮤지컬 극장의 무용수인 메리(Mary Dale)의 도움을 받아 뮤지컬 주연으로 서게 된다. 어느 정도 기반을 다진 재키는 집으로 돌아와 아버지와 화해하려고 하지만 아버지는 여전히 그가 가문과 종교의 전통을 지켜야 한다면서 화해하지 못한다.

뮤지컬이 막을 올리기 얼마 전에 아버지가 큰 병이 든다. 재키은 갈등에 빠진다. 음악을 선택할 것인가, 가족과 신앙에 대한 의무를 선택할 것인가.

리허설 장소를 찾아온 장로와 어머니는 돌아가자고 간청하지만 잭은 리허설 무대에 서야 했고, 어머니는 아들의 첫 무대를 바라보며 눈물어린 축복을 한다. "여기가 네가 있을 곳이구나. 신께서 네가 회당에 있기를 원했다면 널 데리고 가셨겠지. 너는 이제 더 이상 내 아들이 아니라 온 누리의 아들인 게야."

어머니는 재키가 아버지의 소원을 들어주는 척 죽어 가는 아버지 앞에 무릎을 꿇고 속죄의 날

예배에서 기도문을 선창하면 아버지의 병이 나을 거라고 설득한다. 결국 재키는 공연 대신 회당에 서서 기도문을 선창하고 그 소리를 들으면서 아버지는 눈을 감는다.

시간이 속절없이 지나가도 쇼는 계속되는 법이다. 재키가 무대에 다시 서는 날, 앞줄에는 사랑하는 어머니가 앉아 있고 재키는 어머니와 세상을 위해 〈우리 엄마*My Mammy*〉를 부른다.

OST

My Gal Sal
Waiting For The Robert E. Lee
Kol Nidre(Traditional)
Dirty Hands, Dirty Face
Toot, Toot, Toosie(Goo' Bye)
Kaddish(Traditional)
Blue Skies[1]
Mother Of Mine, I Still Have You
My Mammy

----

1. 어빙 벌린의 작품이다.

···➤ 샘슨 라파엘슨(Samson Raphaelson, 1894~1983)의 단편 「속죄의 날(The Day of Atonement)」(1922)을 고쳐 쓴 연극 「재즈 싱어」(1925)를 바탕으로 워너브라더스(Warner Brothers)사가 만들었다. 1996년 이 영화는 미국의회도서관의 국립영화기록원에 "문화, 역사, 미학에서 의미 있는" 영화로 선정, 보관되었으며, 1998년 미국영화연구소가 주관한 투표에서 미국 최고 영화 90위에 선정되었다.

···➤ 뮤지컬은 아니지만 뮤지컬이 발전하는 길목에서 큰 의미를 지닌 뮤지컬 영화이다. 그 의미가 긍정적인 것이든 부정적인 것이든 꼭 알고 가야 할 작품이어서 소개한다.

#2

Show Boat

음악	Jerome Kern
개막	1927. 12. 27.
대본	Oscar Hammerstein II
개막 극장	Ziegfeld Theatre
노랫말	Oscar Hammerstein II
공연 횟수	572

줄거리

1887년 미시시피 강을 오르내리는 순항 연예선 코튼블로섬(Cotton Blossom)호의 간판급 가수인 줄리 라번(Julie LaVerne)과 남편 스티브 베이커(Steve Baker)는 배를 떠나라고 명령받는다. 흑백 혼혈인 줄리가 백인 남자와 결혼한 것이 인종 간 결혼을 금지하는 남부의 법을 어겼기 때문이다.

결국 선장인 앤디 호크(Andy Hawk)의 딸 매그놀리아(Magnolia)와 도박사 게이로드 러베널(Gaylord Ravenal)이 줄리와 스티브의 자리를 메우면서 스타로 떠오르고 사랑에 빠진 두 사람은 어머니의 동의 없이 결혼한다.

몇 년 뒤 두 사람은 시카고로 떠나고 딸도 태어나지만 게이로드의 노름 때문에 생활은 늘 불안정하다. 결국 하숙집으로 내려앉게 되자 게이로드는 죄책감을 이기지 못해 매그놀리아를 버리고 떠난다.

우연히 만난 옛 친구들이 구해 준 클럽 일자리에는 알콜 중독에 빠진 줄리가 일하고 있다. 인기가 더해 가는 매그놀리아를 지켜보던 줄리는 조용히 클럽을 떠나고, 매그놀리아는 마침내 브로드웨이의 뮤지컬 스타가 된다. 매그놀리아는 은퇴한 뒤 순항 연예선으로 돌아와 게이로드와 재결합한다.

뮤지컬 넘버

1막

Cotton Blossom
Cap'n Andy's Ballyhoo
Where's The Mate For Me?
Make Believe
Ol' Man River
Can't Help Lovin' Dat Man
Life Upon The Wicked Stage
Till Good Luck Comes My Way
I Might Fall Back On You
C'mon Folks(Queenie's Ballyhoo)
Olio Dance(orchestra)
You Are Love

2막

At The Fair
Dandies On Parade
Why Do I Love You?
In Dahomey
Bill[1]
Nuns' Processional
Goodbye, My Lady Love
After the Ball[2]
Hey, Feller

----

1. 우드하우스의 노랫말을 해머스타인 2세가 개작한 것이다.
2. 〈*A Trip to Chinatown*〉(1891)에서 가져온 것이다. 찰스 해리스(Charles K. Harris, 1867~1930)가 작사, 작곡하였다.

⋯▸ 순항 연예선은 미시시피 강 연안을 순항하던 유람선을 일컫는데, 보드빌 따위를 공연하는 극장과 함께 도박장을 열어 놓기도 했다.

#3

Kiss Me, Kate

음악	Cole Porter
개막	1948. 12. 30.
대본	Sam and Bella Spewack
개막 극장	New Century Theatre
노랫말	Cole Porter
공연 횟수	1,077

줄거리

「말괄량이 길들이기」를 공연하는 배우들의 이야기이다. 연출가이자 제작자인 프레드(Fred Graham)가 페트루치오(Petruchio)로, 그의 전 부인인 릴리(Lilli Vanessi)가 캐서린(Katherine, 애칭 Kate)으로 출연한다.

릴리는 전 남편 프레드가 비앙카(Bianca) 역을 맡은 로이스(Lois Lane)에게 눈독을 들이고 있는 데 화가 난다. 여전히 프레드를 사랑하고 있기 때문이다. 루센티오(Lucentio) 역을 맡은 로이스의 연인 빌(Bill)은 노름에 빠져 리허설도 빼먹고, 프레드의 이름으로 만 달러나 되는 돈을 빌렸다. 강도 둘이 나타나 프레드에게 만 달러 차용증을 내놓으라 하지만 프레드는 기억이 없다고 말한다. 강도들은 다시 찾아오겠다며 일단 떠난다.

쇼가 시작된다. 무대 뒤로 돌아온 릴리는 프레드가 로이스에게 보낸 꽃다발에 꽂힌 카드를 읽는다. 정말로 로이스를 맘에 두고 있다는 내용이다. 화가 잔뜩 난 릴리가 공연을 그만 두겠다고 하는데 강도들이 다시 나타난다. 프레드는 릴리가 빠지면 쇼를 못하게 되고, 그러면 돈도 줄 수 없다고 말한다. 강도들은 릴리에게 총을 들이대고 쇼를 계속하라고 한다.

강도들에게 떠밀려 다시 무대로 나간 케이트(릴리)는 페트루치오(프레드)와 키스하는 장면에서 키스를 거부한다. 한편 무대 뒤에서는 릴리를 만나러 온 약혼자 해리슨(Harrison Howell)이 옛 연인 로이스를 만나게 되고 프레드는 질투가 난다. 극이 끝나지도 않았는데 릴리는 가버리고 극은 이제 비앙카(로이스)와 루센티오(빌)의 결혼식이다. 사라졌던 릴리가 때맞춰 나타나 케이트의 마지막 대사를 하고 프레드와 릴리는 말없이 화해한다. 비앙카와 루센티오도 뜨겁게 키스하면서 극이 끝난다.

1막

Another Op'nin', Another Show

Why Can't You Behave?

Wunderbar

So In Love

We Open In Venice

Tom, Dick Or Harry

I've Come To Wive It Wealthily In Padua

I Hate Men

Were Thine That Special Face

We Sing Of Love(Cantiamo D'Amore)

Kiss Me, Kate

2막

Too Darn Hot

Where Is The Life That Late I Led?

Always True To You In My Fashion

From This Moment On

Bianca

Brush Up Your Shakespeare

I Am Ashamed That Women Are So Simple

Finale[1]

----

1. 〈*Kiss Me, Kate*〉를 다시 부른다.

#4

Porgy and Bess

음악	George Gershwin
개막	1935. 10. 10.
대본	DuBose Heyward
개막 극장	Alvin Theatre
노랫말	DuBose Heyward, Ira Gershwin.

줄거리

사우스캐롤라이나에 있다는 가상 마을 캣피시로우(Catfish Row)를 무대로 아름다운 여인 베스
(Bess)를 두고 부두 노동자 크라운(Crown), 장애인 거지 포기(Porgy), 마약 장수 스포틴 라이프
(Sportin' Life)가 벌이는 대결과 증오, 유혹과 갈등, 그리고 배신과 이별에 관한 이야기이다.

이야기는 캣피시로우의 저녁으로 이어지는 짧은 도입부에서 시작된다. 어부 제이크의 아내 클
라라가 〈*Summer Time*〉을 부르는 가운데 옆에서 주사위 노름판이 벌어지고, 노름은 살인으로
이어진다. 베스와 동거하고 있는 크라운이 노름에 이긴 로빈스를 찌르고 도망친다.

마을 사람들이 베스를 따돌리는 가운데 스포틴 라이프의 끈질긴 유혹을 뿌리친 베스는 포기와
사랑에 빠진다. 도망쳤던 크라운이 나타나 싸움이 벌어지고 포기는 크라운을 죽인다. 포기는 경
찰에 끌려가고, 베스는 스포틴 라이프를 따라 뉴욕으로 떠난다. 감옥에서 풀려난 포기는 여러 사
람들의 만류를 뿌리치고 베스를 찾아 길을 떠난다.

1막

Introduction – Jazzbo Brown Blues

Summertime

A Woman Is A Sometime Thing

My Man's Gone Now

2막

It Takes A Long Pull To Get There

I Got Plenty O' Nuttin'

Buzzard Keep On Flyin

Bess, You Is My Woman Now

Oh, I Can't Sit Down

It Ain't Necessarily So

What You Want Wid Bess?

Oh, Doctor Jesus

I Loves You, Porgy

A Red-Headed Woman

3막

There's A Boat Dat's Leavin' Soon For New York

Bess, O Where's My Bess

O Lawd, I'm On My Way

#5

Oklahoma!

음악	Richard Rodgers
개막	1943. 3. 31.
대본	Oscar Hammerstein II
개막 극장	St. James Theatre
노랫말	Oscar Hammerstein II
공연 횟수	2,212

줄거리

목동 컬리(Curly McLain)와 농장 일꾼 주드(Jud Fry)는 농장 주인 아가씨 로리(Laurey Williams)를 좋아하고 있다. 로리는 컬리에게 마음이 있지만 내숭을 떤다. 한편 아도(Ado Annie Carnes)는 약혼자 윌(Will Parker)이 캔자스시티로 간 사이 페르시아인 행상 알리(Ali Hakim)와 어울려 다닌다. 이를 본 아도의 아버지 앤드루(Andrew Carnes)는 총을 들이대면서 둘에게 결혼하라고 하지만 알리는 아도에게 윌이 가장 잘 어울리는 남자라고 말하고 아도의 곁을 떠난다.

로리는 컬리를 골려 주려고 학교 신축 기금을 모으는 댄스파티에 주드와 함께 간다. 그러나 오히려 컬리에게 추파를 던지는 거티(Gertie Cummings)를 보고 속이 상한다. 파티에서는 동네 아가씨들이 준비한 점심 바구니 경매가 열리는 데 이긴 사람이 점심 바구니를 준비한 아가씨와 함께 점심을 먹을 수 있다. 컬리가 주드를 제치고 로리가 만든 점심 바구니를 따게 되자 주드는 컬리를 죽이려고 한다. 다행이 이를 알아차린 로리의 숙모 엘러(Eller)가 기지를 내어 위기를 넘긴다.

마침내 로리는 주드를 해고하고 컬리의 청혼을 받아들인다. 3주 후 로리와 컬리가 결혼하고 주 승격 축하 기념식이 떠들썩하게 열린다. 기념식에는 아도를 떠나갔던 알리가 엉뚱하게 거티와 결혼하여 돌아오고, 잔뜩 술에 취한 주드가 나타나 컬리를 죽이려 하다가 제 칼에 찔려 죽는다. 임시 재판이 열리고 재판관이 된 아도의 아버지 앤드루는 컬리의 무죄를 선언하고 로리와 컬리는 신혼여행을 떠난다.

뮤지컬 넘버

1막

Overture(orchestra)

Oh What A Beautiful Mornin'

Laurey's Entrance

The Surrey With The Fringe On Top

Kansas City

I Cain't Say No

Entrance Of Ensemble[1]

Many A New Day

It's A Scandal! It's A Outrage!

People Will Say We're In Love

Pore Jud Is Daid

Lonely Room

Out of My Dreams / Dream Ballet

2막

Entr'acte(orchestra)

The Farmer And The Cowman

All Er Nuthin

Oklahoma!

Finale Ultimo

----

1. 〈I Cain't Say No〉 / 〈Oh What A Beautiful Mornin'〉

#6

West Side Story

음악	Leonard Bernstein
개막	1957. 9. 26.
대본	Arthur Laurents
개막 극장	Winter Garden Theatre
노랫말	Stephen Sondheim
공연 횟수	732

줄거리

1950년대 뉴욕. 서로 앙숙인 샤크파(Sharks, 푸에르토리코인)와 제트파(Jets, 폴란드 출신 백인)는 뉴욕 웨스트사이드에서 경계 지역 통제권을 놓고 갈등을 벌이고 있다. 제트파 두목 리프(Riff)는 거리의 주도권을 잡기 위해 샤크파에게 결투를 제안하고 예전 단원이었던 토니(Tony)를 끌어들이려 한다.

리프가 죽은 모습에 격분한 토니가 베르나르도를 찌르고 있다.

토니는 댄스파티에서 샤크파 두목인 베르나르도(Bernardo)의 여동생 마리아(Maria)를 만나게 되고 둘은 사랑에 빠진다. 그러나 마리아를 사랑하는 치노(Chino)가 있다.

마리아의 부탁을 받고 싸움을 말리러 나간 토니는 친구 리프가 베르나르도에게 찔려 죽는 것을 목격한다. 친구가 죽는 모습에 격분한 토니는 리프의 칼로 베르나르도를 죽이고 만다.

토니가 오빠를 죽인 것을 알고 마리아는 슬픔과 탄식에 빠지지만 사랑하는 토니를 버릴 수도 없다. 둘은 도망가기로 한다. 베르나르도의 연인 애니타(Anita)도 분노를 가라앉히고 토니와 마리아를 도우려고 한다.

토니가 마리아를 기다리는 곳으로 가던 애니타는 제트파에게 심한 모욕을 당한다. 화가 난 애니타는 치노가 마리아를 쏴 죽였다는 거짓말을 하는데, 이 소식을 전해들은 토니는 낙담한다. 더 이상 살아갈 이유가 없다고 생각한 토니는 치노를 찾아가 자신을 죽이라고 한다. 그곳에서 토니는 마리아가 살아 있다는 것을 알았지만 치노가 쏜 총에 쓰러지고 마리아는 죽어 가는 토니를 안고 노래 부른다.

제트파와 샤크파는 화해한다.

뮤지컬 넘버

1막
Prologue(orchestra)
Jet Song
Something's Coming
Dance At The Gym(orchestra)
   Blues / Promenade / Mambo / Cha-cha
   / Jump
Meeting Scene[1]
Maria
America
Tonight[2]
Cool
One Hand, One Heart
The Rumble[3]

2막
Entr'acte(orchestra)
I Feel Pretty[4]
Ballet Sequence
Transition To Scherzo(orchestra)
Scherzo(orchestra)
Somewhere
Procession And Nightmare
Gee, Officer Krupke
A Boy Like That / I Have A Love
Taunting Scene(orchestra)
Finale

----

1. 토니와 마리아가 만나는 장면이다.
2. 유명한 발코니 장면이다.
3. 댄스 넘버이다.
4. 2009년 리바이벌에서는 제목이 에스파냐어 〈Me Siento Hermosa〉로 바뀌었다.

#7

Gypsy

음악	Jule Styne
개막	1959. 5. 21.
대본	Arthur Laurents
개막 극장	Broadway Theatre
노랫말	Stephen Sondheim
공연 횟수	702

줄거리

어린 두 딸 준(June)과 루이스(Louise)를 보드빌 무대에 올려 보내는 로즈(Rose)는 야심만만한 여자이다. 준이 재능 넘치는 활달한 아역 스타인 데 반해 언니 루이스는 수줍음이 많다. 두 딸을 스타로 키우려는 마음에 로즈는 예전 에이전트였던 허비(Herbie)를 매니저로 부른다.

순회공연을 떠나지만 준은 연기 학교에 가고 싶어 하고, 결국 반대하는 로즈를 피해 도망간다. 보드빌의 인기는 점차 사그라지고 있었지만 로즈와 허비는 보드빌 쇼를 공연하려 기를 쓰다가 우연히 벌레스크 극장에 고용된다. 때마침 스트립쇼의 간판급 여배우가 경찰에 체포되자 로즈는 루이스를 대역으로 세우자고 한다.

로즈의 야심에 질린 허비는 마침내 떠나 버리고 몇 달 만에 루이스는 흥행 보증수표가 된다. 루이스는 "늘 관객이 더 보여 달라고 애걸하게 만들어라. 그러나 결코 더 보여 주지는 마라."는 어머니의 충고를 따랐고, 신문은 앞다투어 루이스의 기사를 쏟아 냈다.

벌레스크 쇼의 스타가 되어 세련된 이름 '집시 로즈 리'로 불리는 루이스에게 어머니는 더 이상 필요하지 않았다. 로즈는 이제 모든 것을 잃고 루이스도 잃을 참이다. 아무도 알아 주지 않는 로즈의 꿈. 그러나 마침내 그 꿈은 자신을 위한 것이었고, 자신을 위해 이 모든 어려움을 견뎌 왔음을 인정한다. 어머니와 딸은 화해하고 정답게 발걸음을 옮긴다.

뮤지컬 넘버

1막
Overture
May We Entertain You?
Some People
Small World
Baby June And Her Newsboys
Mr. Goldstone, I Love You[1]
Little Lamb
You'll Never Get Away From Me
Dainty June And Her Farmboys
Broadway
If Momma Was Married
All I Need Is The Girl
EveryThing's Coming Up Roses

2막
Entr'acte
Madame Rose's Toreadorables
Together, Wherever We Go[2]
You Gotta Get A Gimmick
Let Me Entertain You[3]
Rose's Turn

---

1. 2003 리바이벌에서는 〈Mr. Goldstone〉, 2008 리바이벌에서는 〈Have An Eggroll, Mr. Goldstone〉으로 제목이 바뀌었다.
2. 원판에는 없는 곡이다. 1973 런던 공연과 1974 브로드웨이 공연에 춤과 함께 들어갔다.
3. 1989 리바이벌 녹음과 2008 리바이벌에서는 〈The Strip〉으로 제목이 바뀌었다.

#8

Guys and Dolls

음악	Frank Loesser
개막	1950. 11. 24.
대본	Abe Burrows
개막 극장	46th Street Theatre
노랫말	Frank Loesser
공연 횟수	1,200

줄거리

불법 도박장을 운영하는 네이든(Nathan Detroit)은 쇼걸인 애들레이드(Adelaide)와 약혼한지 14년이나 되었지만 결혼하지 않고 있다. 그는 도박장 보증금 천 달러를 마련하기 위해 노름꾼 스카이(Sky Masterson)에게 선교회 지부의 아름다운 선교사 세라(Sarah Brown)를 유혹해 쿠바 아바나에 다녀올 수 있겠느냐고 내기를 건다. 스카이는 세라에게 죄인 열두 명을 데려올 테니 함께 아바나에 가자고 하다가 뺨을 맞는다.

선교회 지부는 다가오는 신앙부흥집회에 죄인들을 데려오지 못하면 지부를 폐쇄해야 한다. 세라는 스카이의 제안을 떠올리면서 될 대로 되라는 마음으로 죄인 12명을 데려오겠다고 약속한다.

아바나 나이트클럽에서 세라는 럼이 든 밀크셰이크를 여러 잔 마시고 취한다. 놀랍게도 스카이는 세라를 범하지 않고 뉴욕으로 데려온다. 세라는 주사위 노름을 하던 사람들이 선교회 사무실에서 뛰쳐나오는 것을 보고 이 모든 것이 선교회 사무실을 도박장으로 쓰기 위해 스카이가 꾸민 계략이라고 생각하고는 그를 매몰차게 대한다.

여전히 주사위 노름판에 있는 네이든은 애들레이드에게 가지 못하고 세라는 아저씨이자 동료 선교 일꾼인 아바이드(Arvide Abernathy)에게 스카이를 사랑하지만 다시는 그를 만나지 않겠다고 선언한다.

스카이는 나이슬리(Nicely Johnson)와 함께 주사위 노름판에 나타나서 내기를 건다. 그가 지면 천 달러를 주고 그가 이기면 다 같이 신앙부흥집회에 가기로 한다. 내기에 이긴 스카이는 도박꾼들을 데리고 선교회로 가서 집회에 참석하는데 브래니건(Brannigan) 경사가 이들을 체포하러 온다. 그러나 세라는 어젯밤 선교회에는 아무도 없었다고 증언하여 브래니건을 돌려보낸다. 브래니건이 간 뒤 네이든은 자신이 선교회에서 도박을 벌였고 스카이와 내기를 벌여 세라를 아바나로 데려가게 했다고 고백한다.

몇 주 뒤 네이든은 애들레이드와 결혼하고 신문 가판대를 열어 성실하게 살아간다. 세라와 스카이도 결혼하고 스카이는 선교회 밴드에서 연주를 하게 된다.

뮤지컬 넘버

1막
Overture(orchestra)
Runyonland(orchestra)
Fugue For Tinhorns
Follow The Fold
The Oldest Established
I'll Know
A Bushel And A Peck
Adelaide's Lament
Guys And Dolls
Havana(orchestra)
If I Were A Bell
My Time Of Day / I've Never Been In Love Before

2막
Take Back Your Mink
Adelaide's Second Lament
More I Cannot Wish You
Crapshooters Ballet(orchestra)
Luck Be A Lady
Sue Me
Sit Down, You're Rockin' The Boat
Marry The Man Today

#9

My Fair Lady

음악	Fredrick Loewe
개막	1956. 3. 15.
대본	Alan Jay Lerner
개막 극장	Mark Hellinger Theatre
노랫말	Alan Jay Lerner
공연 횟수	2,717

줄거리

말하는 소리를 들으면 그 억양으로 출신지를 알 수 있다고 주장하는 음성학자 헨리 히긴스(Henry Higgins)는 오페라 극장 앞에서 언어학자 피커링(Pickering)을 만난다. 히긴스는 말씨가 사회적 계층을 구분한다고 믿는 사람이었다.

피커링을 자기 집에 머물도록 초대한 히긴스는 피커링과 내기를 걸고 끔찍할 정도로 천박한 말투를 쓰는 꽃 파는 소녀 일라이자를 가르쳐 6개월 안에 숙녀로 바꿔 놓겠다고 한다.

히긴스는 자신이 여성들과 잘 지내는 친절하고 인내심 많은 남자라고 생각하지만 사실은 자기에게만 관심이 있으며, 여성 혐오증이 있는 사람이다.

일라이자는 지겨운 수업을 견디다 못해 히긴스를 죽일 방법을 찾기도 한다. 그러나 막 포기하려던 순간 갑자기 흠잡을 데 없는 상류층 말씨로 완벽한 영어를 구사한다. 히긴스의 실험은 멋지게 성공했고, 어머니의 도움을 받아 더 많은 교육을 받은 일라이자는 이어지는 시연회에서도 사람들의 감탄을 자아낸다.

그러나 일라이자는 버림받은 느낌이 든다. 일라이자는 시연회에서 만난 프레디를 따라 예전에 꽃을 팔던 코벤트가든으로 돌아가지만 일라이자의 친구들은 일라이자를 알아보지 못한다. 우연히 만난 아버지는 예전과 달리 말끔한 차림이고 곧 결혼을 하겠다고 한다. 횡재를 한 것이다. 일라이자는 이제 그 어디에도 자신이 있을 곳은 없다는 것을 깨닫는다.

히긴스는 어머니 집에 갔다가 어머니와 차를 마시고 있는 일라이자를 발견한다. 일라이자는 자기가 숙녀가 될 수 있었던 것은 히긴스와 달리 늘 자신을 숙녀로 대해 준 피커링 때문이라고 말한다. 일라이자는 이제 더 이상 히긴스가 필요하지 않으며, 자신을 사랑하는 프레디와 결혼하겠다고 말한다.

히긴스는 집으로 가는 길에서 자신이 일라이자를 사랑하지만 자신의 성취욕과 명예욕 때문에 일라이자를 무시했음을 깨닫는다. 다시 홀로 되는 것은 상상하기도 두렵다. 그는 일라이자가 그에게 처음 왔을 때 녹음했던 것을 틀어 본다. 일라이자를 가르치던 자신의 목소리가 흘러나온다. 녹음기가 꺼지고 복도에서 일라이자의 목소리가 들린다. 예전에 쓰던 천박한 말씨이다. 일라이자가 돌아온 것이다.

뮤지컬 넘버

1막

Overture(orchestra)

Busker Sequence(orchestra)

Why Can't The English?

Wouldn't It Be Loverly?

With A Little Bit Of Luck

I'm An Ordinary Man

Just You Wait

The Servants' Chorus(Poor Professor Higgins)

The Rain In Spain

I Could Have Danced All Night

Ascot Gavotte

On The Street Where You Live

Eliza's Entrance / Embassy Waltz(orchestra)

2막

You Did It

Show Me

The Flower Market

Get Me To The Church On Time

A Hymn To Him

Without You

I've Grown Accustomed To
   Her Face

Finale(orchestra)

#10

Fiddler on the Roof

음악	Jerry Bock
개막	1964. 9. 22.
대본	Joseph Stein
개막 극장	Imperial Theatre
노랫말	Sheldon Harnick
공연 횟수	3,242

줄거리

입이 험한 아내 골데(Golde)와 함께 다섯 딸을 키우는 가난한 낙농업자 테비에(Tevye)는 중매쟁이 옌테(Yente)의 말을 따라 큰 딸 차이텔(Tzeitel)을 나이는 많지만 부자인 푸줏간 주인 라자르(Lazar)에게 시집보내기로 한다. 그러나 차이텔은 어린 시절부터 친구인 가난한 양복쟁이 모텔(Motel)을 사랑하고 있다. 그러나 중매쟁이를 통해 부모가 결정하는 대로 결혼해야 하는 것이 유대인의 전통이었다.

한편 테비에는 다른 곳에서 온 대학생 페르치크(Perchik)에게 호감을 느껴 그를 딸들의 가정교사로 집에 들인다. 둘째 딸 호델(Hodel)은 페르치크의 마르크시즘을 조롱한다. 그러나 페르치크는 쓸모없는 낡은 전통에 매달리지 말라고 충고하고 호델을 이끌어 춤을 춘다. 이성 간에 함께 춤추는 것을 금하는 유대 전통에 저항하는 것이다. 둘은 사랑에 빠지기 시작한다.

모텔이 테비에를 찾아가 차이텔과 결혼하게 해 달라고 한다. 테비에는 전통을 어긴 데 분노하지만 소심한 양복쟁이가 보여 준 용기에 감동하여 결혼을 승낙한다. 하지만 라자르에게 했던 결혼 약속을 어떻게 뒤집을지, 아내에게 이 일을 뭐라고 설명해야 할지 고민이다. 테비에는 라자르의 죽은 아내와 골데의 할머니가 등장하는 꿈 이야기를 지어내고 미신을 믿는 골데는 차이텔을 모텔과 결혼시켜야겠다고 결심한다.

책을 좋아하는 셋째 딸 차바(Chava)는 러시아 젊은이들에게 희롱을 당하다가 러시아 청년 피에드카(Fyedka)의 도움을 받아 위기를 벗어난다. 둘 사이에도 사랑이 싹튼다.

차이텔과 모텔의 결혼식 날. 모두 행복하고 기쁨에 겨워 눈물을 흘리지만 라자르와 테비에 사이에 말다툼이 벌어진다. 페르치크는 사람들 앞에서 호델과 춤을 추어 유대인의 금기에 다시 도전한다. 이때 러시아 병사들이 마을에 들이닥쳐 결혼 피로연을 난장판으로 만들고 마을도 파괴한다.

혁명 과업을 수행하기 위해 키예프로 돌아가려는 페르치크는 테비에에게 호델과 결혼할 것이며 허락을 구하는 것이 아니라 축복을 구한다고 말한다. 생각에 빠진 테비에는 세상은 바뀌고 자신도 그에 맞춰 바뀌어야 한다고 생각하고 결혼을 허락하고 축복한다. 골데는 크게 놀라지만 테비에와 골데는 지난 세월 둘이 겪은 고난과 사랑을 확인하게 된다.

페르치크가 체포됐다는 소식이 오고 호델은 그를 만나기 위해 시베리아로 떠난다. 모텔은 마침내 재봉틀을 샀고 아이도 태어난다. 차바도 테비에에게 피에드카와 결혼하게 해 달라고 한다. 그러나 러시아인과 결혼한다는 것, 유대인의 신앙을 벗어난 결혼은 테비에가 넘을 수 없는 선이었다. 유대인들을 추방한다는 발표가 나고 차바와 피에드카는 다른 곳으로 떠난다. 모텔과 차이텔은 폴란드로 떠나고 테비에와 골데는 나머지 딸 둘을 데리고 미국으로 떠나려 한다. 바이올린 연주가 시작되고 테비에의 부름에 따라 바이올린 연주자는 떠나는 사람들 뒤를 따라간다.

뮤지컬 넘버

1막	2막
Prologue : Tradition	Entr'acte(orchestra)
Matchmaker, Matchmaker	Now I Have Everything
If I Were A Rich Man	Tevye's Rebuttal
Sabbath Prayer	Do You Love Me?
To Life	The Rumor / I Just Heard[1]
Tevye's Monologue	Far From The Home I Love
Miracle Of Miracles	Chavaleh(Little Bird)
Tevye's Dream	Anatevka
Sunrise, Sunset	
The Bottle Dance(orchestra)	

----

1. 중매쟁이가 사라진 것에 대한 노래이다. 2004 리바이벌에서는 〈*Topsy Turvy*〉라는 노래가 대신 나온다.

#11

Man of La Mancha

음악	Mitch Leigh
개막	1965. 11. 22.
대본	Dale Wasserman
개막 극장	ANTA Washington Square Theatre
노랫말	Joe Darion
공연 횟수	2,328

줄거리

늙고 퇴물이 된 극작가 세르반테스는 자신의 하인과 함께 감옥에 갇혀 종교재판을 받게 된다. 동료 죄수들이 인민재판을 벌이고 가진 것을 모두 빼앗기지만 세르반테스는 「돈키호테」의 미완성 원고만큼은 자신에게만 가치가 있는 것이니 돌려 달라고 설득한다.

죄수들의 동의하에 세르반테스는 돈키호테로, 그의 하인은 산초(Sancho Panza)로 분장하고 각자 역을 맡은 죄수들과 함께 연극을 시작한다.

기사 이야기를 너무 많이 읽어 정신이 이상해진 알론소(Alonso Quijano)는 자신을 기사 돈키호테로 착각하고 기사도를 회복하기 위해 하인 산초와 함께 길을 떠난다. 그는 악마와 싸우고 온갖 부조리를 바로잡는다. 그러나 그가 만나고 싸운 것은 그의 몽상일 뿐 사실은 악마나 괴수가 아니었다.

여관을 성이라고 착각하고 찾아간 곳에서 만난 하녀이자 매춘부 알돈자(Aldonza)를 아름답고 정숙한 둘시네아(Dulcinea)로 착각한다. 알돈자는 돈키호테가 혼란스럽기도 하고 화도 난다.

떠돌이 이발사의 면도 대야를 위험을 막아 주는 황금투구라고 생각하고 빼앗는가 하면 영주라고 착각한 여관 주인에게서 기사 서임을 받기도 한다. 돈키호테의 이상한 행동은 계속되지만 알돈자는 점점 돈키호테의 순수한 이상에 끌린다.

'거울의 기사(Knight of Mirrors)'가 나타나고 거울에 비친 자신의 모습을 본 알론소는 제정신이 돌아온다. 사실 거울의 기사는 카라소 박사(Dr. Carrasco)인데 돈키호테의 가족이 돈키호테를 정신 차리게 하여 돌아오게 해 달라고 보낸 사람이었다.

집에 돌아온 알론소는 죽어 가고 있다. 뒤따라온 알돈자가 방으로 뛰어들어가 둘시네아를 기억하라며 눈물을 흘린다. 돈키호테 덕분에 인생의 의미를 깨달은 알돈자는 그에게 영광스런 꿈을 되찾으라고 애원한다. 그러나 제정신을 찾은 알론소는 알돈자를 알아보지 못한다. 알론소는 알돈자의 노래를 들으며 세상을 바로잡으리라고 외치지만 숨을 거둔다.

다시 지하 감옥 장면으로 돌아오고 죄수들은 그의 이야기에 깊이 감동한 나머지 원고를 돌려준다. 세르반테스는 종교재판에 회부된다. 죄수들이 〈*The Impossible Dream*〉을 부르며 모여든다.

뮤지컬 넘버

Overture	Golden Helmet Of Mambrino
Man Of La Mancha	To Each His Dulcinea
Food, Wine, Aldonza!	The Impossible Dream
It's All The Same	The Combat(orchestra)
Dulcinea	The Dubbing
I'm Only Thinking Of Him	Knight Of The Woeful Countenance
We're Only Thinking Of Him	The Abduction
The Missive	Moorish Dance(orchestra)
I Really Like Him	Aldonza
What Does He Want Of Me?	Knight Of The Mirrors(orchestra & dance)
Little Bird, Little Bird	A Little Gossip
Barber's Song	The Psalm[1]

---

1. 〈*The Impossible Dream*〉으로 피날레를 장식하기도 한다.

#12

Cabaret

음악	John Kander
개막	1966. 11. 20.
대본	Joe Masteroff
개막 극장	Broadhurst Theatre
노랫말	Fred Ebb
공연 횟수	1,165

줄거리

1930년대, 나치 세력이 점점 커지고 있는 베를린. 미국인 작가 클리퍼드(Clifford Bradshaw)는 베를린에 도착하여 일자리와 하숙집을 소개받을 독일인 에른스트(Ernst Ludwig)를 만난다.

슈나이더(Fräulein Schneider) 양이 운영하는 하숙집에 짐을 푼 클리퍼드는 킷 캣 클럽(Kit Kat Klub)에서 천박하고 너저분한 노래를 부르는 영국인 가수 샐리(Sally Bowles)와 사랑에 빠지고 샐리는 임신한다. 아이 아버지를 알 수 없는 샐리는 유산하기로 결심하지만 클리퍼드는 아이를 낳아 키우자고 한다.

하숙집에 살고 있는 나이 든 유대인 과일 장수 헤르 슐츠(Herr Schultz)는 슈나이더 양을 연모하고 있다. 슐츠는 몸 파는 여인 코스트 양(Fräulein Kost)이 제 방에 해군 병사를 들인 것을 나무라는 슈나이더의 역성을 든다. 여기에 앙심을 품은 코스트는 나치에 가담한 에른스트에게 슐츠가 유대인이라고 알린다.

슐츠는 슈나이더에게 청혼하지만 불안과 두려움에 휩싸인 슈나이더는 결혼 계획을 취소한다. 클럽 사회자는 그 누구도 그들의 사랑을 인정하지 않는다고 노래하면서 유대인에 대한 편견을 꼬집는다. 클리퍼드는 샐리에게 미국으로 가자고 하지만 샐리는 베를린을 떠나고 싶어 하지 않는다. 클리퍼드는 현실을 제대로 보라고 말하지만 샐리는 그들의 삶이나 사랑은 정치와 아무런 관계가 없다고 항변하고 다시 클럽에 나가기 시작한다.

샐리가 유산한 것을 알게 된 클리퍼드는 아픈 가슴을 안고 베를린을 떠난다. 파리로 가는 기차에서 클리퍼드는 그의 경험을 담아 소설을 쓰기 시작한다. "독일이라는 나라에 베를린이라는 도시가 있었다. 그 도시에는 카바레가 있었고, 카바레에는 사회자가 있었다. 그리고 그것은 세상의 끝이었다."

뮤지컬 넘버

1막

Willkommen

So What?

Telephone Song

Don't Tell Mama

Mein Herr[1]

Telephone Dance

Perfectly Marvelous

Two Ladies

It Couldn't Please Me More

Tomorrow Belongs To Me

Why Should I Wake Up?

Don't Go[2]

Maybe This Time[3]

Sitting Pretty

The Money Song

Married

Meeskite[4]

2막

Entr'acte/Kickline

If You Could See Her[5]

What Would You Do?

I Don't Care Much[6]

Cabaret

Finale Ultimo

----

1. 1998/2012/2014 리바이벌에서 〈Telephone Dance〉로 대체되었다.

2. 1987 리바이벌에서 〈Why Should I Wake Up?〉으로 대체되었다.

3. 1998/2012/2014 리바이벌에서 〈Don't Go〉로 대체되었다.

4. 1987/1998/2012/2014 리바이벌에서 삭제되었다.

5. 〈The Gorilla Song〉이라고도 한다.

6. 1987/1998/2012/2014 리바이벌에서 새로 들어갔다.

#13

The Who's Tommy

음악	Peter Townshend
개막	1993. 4. 22.
대본	Peter Townshend and Desmond McAnuff
개막 극장	St. James Theatre
노랫말	Peter Townshend
공연 횟수	899

줄거리

제2차 세계대전 중 독일에서 실종된 워커 대위가 살아 돌아와 아내와 재혼하려던 남자와 격투를 벌인다. 아내는 네 살 된 아들 토미가 이를 보지 못하도록 돌려 세우지만, 토미는 아버지 워커 대위가 어머니의 연인을 쏘아 죽이는 것을 거울을 통해 보게 된다.

워커 대위는 정당방위로 무죄판결을 받지만 아들 토미는 거울만 바라보는 귀머거리에 벙어리가 된다. 워커 부부는 토미를 병원에 데려가지만 그 까닭을 알 수 없다. 토미가 열 살이 다 되도록 상태는 변함이 없다.

크리스마스가 되어 교회에도 가고 가족 만찬을 열기도 했지만 토미의 부모는 크리스마스가 무엇인지도 모르는 토미에 대한 걱정뿐이다. 그때 어니 아저씨가 연주하는 프렌치 혼 소리에 토미가 반응한다.

사촌인 케빈을 따라 간 오락실에서 토미는 핀볼 게임에 대단한 재능을 보이고 마침내 핀볼 게임 챔피언이 되어 사내아이들 사이에서 영웅으로 통하게 된다.

그 어떤 의사도 치료할 수 없음을 알게 된 워커 부인은 토미가 들여다보고 살던 거울을 깨뜨리고, 토미는 정신을 차린다. 제정신으로 돌아온 핀볼 영웅 토미의 소식이 뉴스를 뒤덮고 토미는 더욱 유명해진다.

토미의 휴일 캠프가 성대하게 열린 어느 날 밤 만나게 된 샐리가 그에게 묻는다. 어떻게 해야 그와 같아질 수 있겠냐고. 토미는 그 누구도 자신과 같이 되어야 할 까닭은 없다고 말한다. 다른 모든 사람들은 이미 토미가 어린 시절에 빼앗긴 재능을 가지고 있다고 말하지만, 토미는 문득 자신의 명성이 영적인 지도자가 되기를 바라는 군중들의 희망에서 온 것이라는 것을 깨닫게 된다.

듣고자 하는 대답을 듣지 못하고 실망한 군중들이 그를 떠나가지만 토미는 어린 시절의 자신과 재회하고 가족을 포옹한다.

뮤지컬 넘버

1막

Overture

Captain Walker

It's A Boy

We've Won

Twenty One/What About the Boy?

Amazing Journey

Courtroom Scene

Sparks(orchestra)

Christmas / See Me, Feel Me

Do You Think It's Alright?

Fiddle About[1]

Cousin Kevin[1]

Sensation

Eyesight To The Blind[2]

The Acid Queen

Pinball Wizard

2막

Underture(entr'acte)

It's A Boy(reprise) / There's A Doctor

Go To The Mirror! / Listening To You

Tommy, Can You Hear Me?

I Believe My Own Eyes

Smash The Mirror

I'm Free

Streets Of London 1961−3(Miracle Cure)

Tommy's Holiday Camp[3]

Sally Simpson

Welcome

Sally Simpson's Question

We're Not Gonna Take It

Finale

----

1. 존 엔트위슬(John Entwistle)이 작사, 작곡하였다.

2. 소니 보이 윌리엄슨 2세(Sonny Boy Williamson II)가 작사, 피터 톤젠드(Peter Townshend)가 작곡 및 작사하였다.

3. 키스 문(Keith Moon)이 작사, 작곡하였다.

#14

Hair

음악	Galt MacDermot
개막	1968. 4. 29.
대본	Gerome Ragni, James Rado
개막 극장	Biltmore Theatre
노랫말	Gerome Ragni and James Rado
공연 횟수	1,750

줄거리

히피족 지도자이자 베트남 전쟁 징병 대상자인 클로드 (Claude)의 부모 차림을 한 배우들이 나타나 클로드가 저질렀던 일들, 그들이 보기에 참으로 어리석은 일들을 꾸짖는다. 클로드는 베트남 징병 문제를 어떻게 해야 할지 고민이다.

관광객들이 나타나고 히피들은 그들의 장발에 대해 설명한다. 한 여자가 여장 남자임을 밝히고 히피들은 그를 성 혁명을 촉발한 문화인류학자 마거릿 미드 (Margaret Mead)라고 부른다.

히피들은 국기를 조롱하고 남자들은 징병 통지서를 불태우지만 클로드는 불 속에 집어넣었던 징병 통지서를 다시 꺼내 들고 왜 살고, 왜 죽어야 하는지 말해 줄 사람이 없느냐고 갈등한다.

히피들이 〈*Oh Great God of Power*〉를 부르면서 인간성을 파괴하는 미국 정부를 풍자하고, 징병소에서 돌아온 클로드는 베트남 전쟁 징병 정책을 조롱하는 동료들에게 둘러싸인다.

클로드는 환각제가 주렁주렁 매달린 팔찌를 받고 베트남 정글로 낙하하는 환각에 빠진다. 환각 속에 불려 나온 역사 속 인물들이 서로 죽이고 죽는다.

환상 여행이 끝나고 클로드는 회의에 빠져 떠난다. 히피들이 클로드를 찾을 때 머리를 짧게 깎고 군복을 입은 클로드의 영혼이 나타나 "좋아하든 싫어하든 그들이 날 데려갔어."라며 노래를 부른다. 히피들도 클로드와 함께 "육신은 파멸했다."고 노래한다. 중앙에 검은 옷을 입고 쓰러져 있는 클로드가 보이고 히피족은 모두 〈*Let the Sun Shine In*〉을 부른다. 이어지는 커튼콜에서 히피들은 관객들을 무대에 불러내 함께 춤춘다.

뮤지컬 넘버

1막	2막
Aquarius	Electric Blues
Donna	Black Boys
Hashish	White Boys
Sodomy	Walking In Space
I'm Black / Colored Spade	Yes, I's Finished / Abie Baby
Manchester England	Three-Five-Zero-Zero
Ain't Got No	What A Piece Of Work Is Man
I Believe In Love	Good Morning Starshine
Air	The Bed
Initials(L.B.J.)	Eyes Look Your Last
I Got Life	The Flesh Failures(Let The Sunshine In)
Going Down	
Hair	
My Conviction	
Easy To Be Hard	
Don't Put It Down	
Frank Mills	
Be-In(Hare Krishna)	
Where Do I Go?	

#15

Oliver!

음악	Lionel Bart
개막	1963. 1. 6.
대본	Lionel Bart
개막 극장	Imperial Theatre
노랫말	Lionel Bart
공연 횟수	774

줄거리

구빈원에서 장의사 소워베리(Mr. Sowerberry)에게 팔려 간 올리버는 모욕과 학대를 견디다 못해 도망친다. 런던으로 간 올리버는 소매치기 소년 도저(Artful Dodger)를 만나 두목 파긴(Fagin)의 소굴로 들어가고, 그곳에서 흉악한 강도 빌(Bill Sikes)의 동거녀 낸시(Nancy)를 만난다. 올리버는 브라운로우 씨(Mr. Brownlow)를 터는 자리에서 망을 보다가 붙잡히지만 그의 집에 머물게 된다.

파긴과 빌은 비밀을 지키기 위해 올리버를 납치하려 한다. 브라운로우 씨 집에서 건강을 회복한 올리버는 브라운로우 씨의 심부름으로 책을 돌려주기 위해 도서관에 가다가 붙들려 파긴의 소굴로 끌려간다.

구빈원의 범블과 코니는 애그니스(Agnes)를 통해 올리버의 어머니가 죽을 때 남긴 황금 로켓을 보고 올리버에게 부자 친척이 있음을 알게 된다. 바로 브라운로우 씨다.

낸시는 양심의 가책을 느끼고 브라운로우 씨에게 올리버를 데려다주려고 한다. 그러나 이를 눈치 채고 쫓아온 빌은 낸시를 죽이고 올리버를 다시 끌고 간다.

낸시가 죽은 자리에 사람들이 모여들고 범죄 현장에 나타난 빌의 부하 불사이(Bullseye)를 발견한 군중이 그를 쫓아간다. 그러나 파긴은 도망치고 올리버를 인질로 잡은 빌이 그를 죽이겠다고 위협하다가 경찰이 쏜 총에 맞는다. 구출된 올리버는 브라운로우 씨와 다시 만난다.

뮤지컬 넘버

1막

Prologue / Overture(orchestra)

Food, Glorious Food

Oliver!

I Shall Scream

Boy For Sale

That's Your Funeral

Coffin Music(orchestra)

Where Is Love?

The Fight(orchestra)

Oliver's Escape(orchestra)

Consider Yourself

You've Got To Pick A Pocket Or Two

It's A Fine Life

I'd Do Anything

Be Back Soon

Capture Of Oliver(orchestra)

2막

Oom-Pah-Pah

My Name

As Long As He Needs Me

Who Will Buy?

Reviewing The Situation

London Bridge(orchestra)

Finale(Food, Glorious Food / Consider Yourself / I'd Do Anything)

#16

Rocky Horror Show

음악	Richard O'Brien
개막	1973. 6. 19.
대본	Richard O'Brien
개막 극장	Royal Court Theatre
노랫말	Richard O'Brien
공연 횟수	2,960

줄거리

랠프(Ralph Hapschatt)와 베티(Betty Munroe)의 결혼식에 갔던 브래드(Brad Majors)는 재닛(Janet Weiss)에게 사랑을 고백하고 둘은 약혼한다.

브래드와 재닛은 옛 과학 교사였던 스콧 박사(Dr. Everett Scott)를 만나러 길을 떠나지만 폭풍우를 만나 헤매다가 도착한 낡은 성에서 리프 래프(Riff Raff)라는 꼽추 머슴과 마젠타(Magenta), 컬럼비아(Columbia)를 만난다. 그리고 그들이 에디(Eddie)에 대해 이야기하는 것을 듣는다. 미친 과학자 프랭크(Dr. Frank N. Furter)는 자신이 만든 근육질 인조인간 로키(Rocky)와 냉동고에 있는 에디를 보여 준다.

침실로 돌아온 재닛은 변장한 프랭크를 브래드로 알고, 브래드는 프랭크를 재닛으로 알고 섹스를 즐긴다. 재닛은 달아난 줄 알았던 로키가 연구실에 숨어 있는 것을 알았고, 모니터에는 브래드와 프랭크가 누워 있는 모습을 보게 된다. 재닛은 로키를 유혹하고 브래드 역시 모니터를 통해 이 장면을 보고 분노한다.

브래드와 재닛이 찾아가려던 스콧 박사가 성에 찾아온다. 스콧 박사는 조카 에디를 찾아온 것이었다. 그러나 프랭크는 그가 FBI와 연결되어 있으며, 자신의 성을 조사하러 온 것이라고 여겨 에디의 시체를 보여 주고 전자기기를 사용하여 방문자 셋과 로키를 제압한다.

사람들은 프랭크 박사를 따라 우주 공간으로 가서는 변태 성행위에 빠진다. 마젠타는 고향 행성으로 돌아가자고 하지만 프랭크는 '플로어 쇼'를 벌이자고 한다. 프랭크의 지시에 따라 사람들은 여성 속옷을 입은 채 노래하고 춤춘다. 그리고 성 본능에 순응하라는 프랭크의 유도에 따라 모두 질펀한 섹스를 벌이기 시작한다.

우주복을 입고 광선총을 든 리프 래프와 마젠타가 나타나 갑자기 쇼가 끝나고 컬럼비아, 프랭크, 로키는 총에 맞아 죽는다. 브래드, 재닛, 스콧 박사는 성을 떠나고 성은 우주로 발사된다. 브래드와 재닛은 그들이 저지른 무모한 성행위에 대해 혼란스러워한다. "행성 표면을 기어 다니고 있는 인류라고 부르는 버러지들은 시공간 속에 갇혀 있다."는 내레이션이 흘러나온다.

뮤지컬 넘버

Science Fiction / Double Feature

Dammlt, Janet!

Over At The Frankenstein Place

Sweet Transvestite

The Time Warp

The Sword Of Damocles

I Can Make You A Man

What Ever Happened To Saturday Night?

Touch-a, Touch-a, Touch-a, Touch Me

Once In A While

Eddie's Teddy

Planet, Schmanet, Janet

Rose Tint My World / Don't Dream It, Be It / Wild And Untamed Thing

I'm Going Home

Superheroes

#17

Chicago

음악	John Kander
개막	1975. 6. 3.
대본	Bob Fosse and Fred Ebb
개막 극장	46th Street Theatre
노랫말	Fred Ebb
공연 횟수	936

줄거리

1920년대. 남편과 여동생의 간통 현장을 목격하고 두 사람을 죽인 보드빌 배우 벨마 켈리(Velma Kelly)와 나이트클럽에서 사귀던 프레드(Fred Casely)를 쏘아 죽인 코러스 걸 록시 하트(Roxie Hart)가 같은 교도소에 갇힌다.

여자 구역을 담당하는 간수는 마마("Mama" Morton)라고 불리는 부패한 여자이다. 죄수들이 언론의 조명을 받

「시카고」를 상영 중인 브로드웨이의 극장(2013)

도록 해 주고 무죄판결을 받아 사회에 나가면 대가를 받는 것이다. 여기에는 유능한 변호사 빌리(Billy Flynn)가 큰 몫을 한다.

마마는 벨마가 보드빌 무대로 돌아갈 수 있도록 돕고 있다. 그러나 록시가 나타나자 언론의 관심은 록시에게 쏠리고 빌리도 록시를 맡아 변호하게 된다. 그래서 벨마는 록시를 보는 게 영 불편하다.

빌리는 록시의 이야기를 이리저리 꾸며서 언론의 관심을 불러일으키고 록시는 시카고의 인기인이 된다. 록시의 명성은 높아질수록 벨마의 악명은 희미해진다. 록시는 신문 1면을 자기 이름으로 덮기 위해 임신한 척하기로 한다.

록시가 뻔한 거짓말을 하는데도 그에게는 행운이 잇따른다. 빌리는 벨마가 써먹으려던 속임수를 가져다가 록시의 재판에 쓰고, 록시는 뜨거운 관심 속에 무죄판결을 받아 석방된다. 그러나

사람들의 관심은 이내 멀어지고, 록시의 임신이 거짓임을 알게 된 남편 에이머스도 떠난다. 명성은 사라지지만 삶은 계속된다는 것을 깨달은 록시는 벨마와 팀을 이루어 노래하고 춤을 춘다.

뮤지컬 넘버

1막
Overture(orchestra)
All That Jazz
Funny Honey
Cell Block Tango
When You're Good To Mama
All I Care About
A Little Bit Of Good
We Both Reached For The Gun
Roxie
I Can't Do It Alone
Chicago After Midnight(orchestra)
My Own Best Friend

2막
Entr'acte(orchestra)
I Know A Girl
Me and My Baby
Mr. Cellophane
When Velma Takes The Stand
Razzle Dazzle
Class
Nowadays / Hot Honey Rag

#18

A Chorus Line

음악	Marvin Hamlisch
개막	1975. 7. 25.
대본	James Kirkwood and Nicholas Dante
개막 극장	Shubert Theatre
노랫말	Edward Kelban
공연 횟수	6,137

줄거리

공연을 앞두고 코러스를 선발하는 오디션을 치르고 있다. 잭(Zach)의 옛 연인 캐시(Cassie)도 지원했다.

안무가 잭은 지원자들에게 살아온 이야기를 해 보라고 한다. 그는 지원자들이 왜 무용수가 되고 자 했는지, 단지 일자리를 위해 춤추는 것이 아니라 인생과 꿈을 담아 행복하게 춤출 수 있는지 알고 싶어 한다. 한 사람씩 살아온 이야기를 하지만 다들 이 오디션 방식을 마음에 들어하지 않는다. 그러나 모두 직업이 필요했기에 오디션은 계속되고 가슴에 품고 있는 크고 작은 상처에 대해 이야기한다.

텅 빈 무대에 캐시만 남아 있다. 캐시는 베테랑 무용수이다. 잭은 한때 동거하기도 했던 캐시가 코러스가 되기에는 출중한 사람이어서 이 오디션에 어울리지 않는다고 말한다. 그러나 캐시는 춤에 대한 자신의 열정을 표현할 수만 있다면 코러스라고 해서 못할 이유가 없다고 대답한다. 두 사람은 런-스루 동안에도 계속 갈등을 일으킨다. 캐시는 말한다. "난 코러스도 잘할 수 있어."

마지막으로 여덟 명이 뽑히고 장면은 실제 공연으로 바뀐다. 이제 반짝이를 단 똑같은 금빛 의상을 입고 춤추는 무용수들은 누가 누구인지 알아볼 수 없게 된다. 오디션에서는 강렬하게 드러나던 개성이 앙상블 속에 녹아들어 하나가 된 것이다.

뮤지컬 넘버

I Hope I Get It

I Can Do That

And…

At The Ballet

Sing!

Montage Part 1 : Hello Twelve, Hello Thirteen, Hello Love

Montage Part 2 : Nothing

Montage Part 3 : Mother

Montage Part 4 : Gimme The Ball

Dance : Ten / Looks / Three

The Music And The Mirror

One

The Tap Combination

What I Did For Love

#19

Jesus Christ Superstar

음악	Andrew Lloyd Weber
개막	1971. 10. 12.
대본	Tim Rice
개막 극장	Mark Hellinger Theatre
노랫말	Tim Rice
공연 횟수	711

줄거리

예수의 열두 제자 가운데 한 사람인 가룟 유다는 예수의 가르침이 현실과 동떨어져 있다고 비판하는 사람이다. 대제사장 가야바와 유대교 성직자들은 예수의 인기가 더 많아지면 로마를 불안하게 하여 엄청난 보복이 뒤따를 것이라며 세례 요한처럼 예수도 죽여야 한다고 생각한다.

예수와 제자들이 예루살렘에 도착하고 군중은 호산나(Hosanna, '우리를 구원하소서')를 외치며 반긴다. 가야바를 비롯한 유대교 성직자들은 군중을 해산시키라고 요구한다. 제자 가운데 한 명인 열심당원(Zealotes) 베드로는 군중을 일으켜 봉기하라고 촉구하지만 예수는 모두 거절한다. 그리고 신전을 온갖 죄악과 방탕의 소굴로 만든 것을 보고 분노하여 상인들을 내쫓는다.

지쳐 잠든 예수 옆에서 막달라 마리아는 예수를 사랑하는 자신의 마음을 노래하고, 이를 본 유다는 점점 더 마리아를 미워한다. 마리아가 가장 믿을 만한 동맹자인 예수를 빼앗았다고 생각하기 때문이다. 갈등하던 유다는 가야바를 찾아가 예수를 팔아넘기고 예수가 겟세마네(Gethsemane)로 간다는 것을 알려 준다.

제자들과 함께 먹는 마지막 저녁 밥. 예수는 포도주를 따르고 빵을 나누어 주면서 먹고 마실 때에 자신을 기억하라고 말한다. 그리고 베드로가 자신을 세 번 모른다고 할 것이며, 제자 가운데 한 사람이 배신자가 될 것이라는 예언을 한다.

겟세마네 동산에서 제자들은 모두 잠들고 예수는 기도한다. 다가올 형벌과 죽음에 대한 공포, 메시아로서 지난 3년간 해 온 일에 대한 환멸, 신에 대한 의심과 분노를 토로한다. 그도 나약하고 지친 인간이기에 이 끔찍한 고통을 피하게 해 달라고 간구한다.

유다가 데려온 로마 병사들이 예수를 체포하여 가야바에게 끌고 간다. 가야바는 총독 빌라도에게, 빌라도는 헤롯에게 예수를 떠넘긴다. 예수를 그렇고 그런 가짜 메시아에 지나지 않는다고 본

헤롯은 예수를 다시 빌라도에게 보낸다.

제자들과 막달라 마리아는 그들이 처음 예수를 따르기 시작했을 때를 기억하며 평화로운 때로 돌아갈 수 있기를 기원한다. 양심의 가책을 느낀 유다는 목매 죽는다.

재판정에서 빌라도는 예수에게 자신을 변호하라고 회유하기도 하고 성난 군중을 설득하려고도 한다. 그러나 예수는 신의 뜻에 따를 뿐이라고만 말하고 군중은 폭동을 일으킬 기세이다. 결국 사형을 선고받은 예수가 십자가에서 서서히 죽어 가고 마리아와 남은 제자들이 그의 죽음을 슬퍼할 때 마지막 곡 〈요한복음 19장 41절〉이 연주된다.

뮤지컬 넘버

1막	2막
Overture(orchestra)	The Last Supper
Heaven On Their Minds	Gethsemane(I Only Want To Say)
What's The Buzz / Strange Thing Mystifying	The Arrest
Everything's Alright	Peter's Denial
This Jesus Must Die	Pilate And Christ
Hosanna	King Herod's Song(Try It And See)
Simon Zealotes / Poor Jerusalem	Could We Start Again Please?
Pilate's Dream	Judas' Death
The Temple	Trial Before Pilate(Including The Thirty-Nine Lashes)
I Don't Know How To Love Him	Superstar
Damned For All Time / Blood Money	The Crucifixion
	John Nineteen: Forty-One[1]

---

1. 노래 없이 악기로만 연주된다. (요한복음 19장 41절 : 예수께서 십자가에 못 박히신 곳에 동산이 있고 동산 안에 아직 사람을 장사한 일이 없는 새 무덤이 있는지라)

#20

Evita

음악	Andrew Lloyd Webber
개막	1978. 6. 21.(웨스트엔드) / 1979. 9. 25.(브로드웨이)
대본	Tim Rice
개막 극장	Prince Edward Theatre(웨스트엔드) / Broadway Theatre(브로드웨이)
노랫말	Tim Rice
공연 횟수	3,176(웨스트엔드) / 1,567(브로드웨이)

줄거리

1952년 7월 26일. 방송은 에바 페론의 죽음을 알리고, 해설자인 체 게바라는 "아르헨티나를 휘감고 있는 이놈의 슬픔은 무슨 서커스 같은 일이냐."고 냉소한다.

에바는 첫사랑 아구스틴 마갈디를 따라 부에노스아이레스로 오지만 곧바로 마갈디를 떠나 빠르게 스타로 성장한다. 지진 피해자를 도우려는 자선 음악회에서 후안 페론을 처음 만난다. 에바는 페론이 권력을 잡을 수 있도록 돕겠다고 말한다.

후안이 선거에서 압승하여 대통령이 되고, 에바는 민중을 위한 복지와 자선 사업으로 인기를 얻는다. 그러나 이미지를 꾸미기 위해서는 많은 돈이 드는 법이다. 해설자 체 게바라는 에바가 명성을 얻기 위해 치를 돈이 얼마나 될까 분석한다. 에바는 화려한 모습을 하고 유럽 순방에 나선다. 에바는 자선 사업을 총괄할 재단을 설립하지만 체 게바라는 부정한 돈을 세탁하려는 것이라고 단언한다.

에바가 환상 속에서 체 게바라와 토론한다. 체 게바라는 에바가 자신의 목적을 위해 아르헨티나 민중을 이용한다고 비난하고, 에바는 여러 가지 문제를 해결하려 애쓰는 것은 영광을 얻으려는 것이 아니라고 반박한다.

에바의 간섭에 넌더리가 난 군부가 마침내 에바에게 반기를 들지만 에바는 부통령에 출마하기로 결심한다. 그러나 암이 악화되어 죽음에 이르게 된다. 그제서야 에바는 명성에 집착하고 권력을 좇았던 삶에 대해 용서를 구하고 아르헨티나 민중을 영원히 사랑한다고 맹세한다.

에바가 죽고 시신을 영구 보전하려는데 체 게바라가 말한다. 에비타의 기념비는 받침대만 완성되었으며, 그녀의 시신은 17년간 사라졌다는 사실을.

1막

A Cinema In Buenos Aires,
  26 July 1952[1]

Requiem For Evita

Oh What A Circus

On This Night Of A Thousand Stars

Eva And Magaldi / Eva, Beware Of
  The City

Buenos Aires

Good Night And Thank You

The Lady's Got Potential[2]

The Art Of The Possible

Charity Concert

I'd Be Surprisingly Good For You

Hello And Goodbye

Another Suitcase In Another Hall

Peron's Latest Flame

A New Argentina

2막

Entr'acte

On The Balcony Of The Casa Rosada

Don't Cry For Me Argentina

High Flying Adored

Rainbow High

Rainbow Tour

The Actress Hasn't Learned The Lines
  (You'd Like to Hear)

And The Money Kept Rolling In(And Out)

Santa Evita

A Waltz For Eva And Che

You Must Love Me[3]

Peron's Latest Flame Playoff

She Is A Diamond[4]

Dice Are Rolling / Eva's Sonnet

Eva's Final Broadcast

Montage

Lament

---

1. 일본판과 런던, 브로드웨이 리바이벌에서는 〈Junin, 26 July 1952〉으로 교체되었다.
2. 대부분 삭제되고 〈The Art Of The Possible〉로 대체되나 몇몇 상연에서는 수정된 노래가 쓰인다.
3. 1996년 영화에서 쓰였으며, 2006 런던판을 비롯하여 영화 이후 상연판에 들어간 노래인데 〈A Waltz For Eva And Che〉 직후나 〈Eva's Final Broadcast〉 직전에 둔다.
4. 종종 〈Person's Latest Flame Playoff〉와 묶어 〈She Is A Diamond〉 한 곡으로 치기도 한다.

#21

Cats

음악	Andrew Lloyd Webber
개막	1981. 5. 11.(웨스트엔드) / 1982. 10. 7.(브로드웨이)
대본	T.S. Elliot
개막 극장	New London Theatre(웨스트엔드) / Winter Garden Theatre(브로드웨이)
노랫말	T.S. Elliot, Trevor Nunn, Richard Stilgoe
공연 횟수	8,949(웨스트엔드) / 7,485(브로드웨이)

줄거리

젤리클(Jellicle)이라는 고양이 종족이 1년에 한 번 모여 헤비사이드 레이어(Heaviside Layer, 원래 물리학 용어로 상층 대기에서 전파를 반사시키는 전기 전도성을 가진 전리층을 말하지만 여기에서는 고양이들의 천국을 가리킨다)로 올라가 새로 태어날 고양이를 정하는 날이다.

「캣츠」 공연 장면

고양이들은 모두 자신이 뽑히길 바라며 재주를 뽐내며 춤추고 잔치를 즐긴다.

모여든 고양이들의 캐릭터는 인간 군상과 다를 바 없다. 현자, 선생, 폭력배와 두목, 그리고 몰락한 고양이. 젊었을 때는 매력적이었지만 이제 늙고 추레해진 그리자벨라(Grizabella)도 모여든 고양이 가운데 하나지만 따돌림을 당한다. 마침내 젤리클 고양이들의 장로 듀터로노미(Old Deuteronomy)가 나타난다. 그가 하늘로 올라갈 고양이를 선택할 것이다. 잔치가 끝나고 그리자벨라가 다시 나타나 춤추려 하지만 나이가 많고 상태도 좋지 않아 그렇게 하지 못한다. 또다시 따돌림을 당하지만 그리자벨라는 지난 시절의 추억을 노래한다.

잔치 가운데 듀터로노미가 납치되기도 하고 싸움도 나고 소동이 벌어지기도 하지만 듀터로노미는 그리자벨라를 선택한다.

뮤지컬 넘버

<u>1막</u>

Overture(orchestra)

Prologue : Jellicle Songs For Jellicle Cats

The Naming Of Cats

The Invitation To The Jellicle Ball

The Old Gumbie Cat

The Rum Tum Tugger

Grizabella : The Glamour Cat

Bustopher Jones : The Cat About Town

Mungojerrie And Rumpleteazer

Old Deuteronomy

The Awful Battle Of The Pekes And The Pollicles

The Song Of The Jellicles

The Jellicle Ball(orchestra)

Memory

<u>2막</u>

The Moments Of Happiness

Gus : The Theatre Cat

Growltiger's Last Stand

Skimbleshanks: The Railway Cat

Macavity : The Mystery Cat

Macavity Fight

Mr. Mistoffelees

Jellicle Choice / Daylight

The Journey To The Heaviside Layer

Finale: The Ad-Dressing Of Cats

#22

The Phantom of the Opera

음악	Andrew Lloyd Webber
개막	1986. 10. 9.(웨스트엔드) / 1988. 1. 26.(브로드웨이)
대본	Andrew Lloyd Webber, Richard Stilgoe
개막 극장	Her Majesty's Theatre(웨스트엔드) / Majestic Theatre(브로드웨이)
노랫말	Charles Hart, Richard Stilgoe
공연 횟수	상연 중 (웨스트엔드 : 2010년 10월 23일, 1만 회 /
	브로드웨이 : 2012년 2월 11일, 1만 회)

줄거리

경매에 나온 부서진 샹들리에가 천장으로 들려 올라가 빛을 밝히면서 장면은 오페라 「한니발 *Hannibal*」*을 연습하고 있는 옛날로 돌아간다. 무대장치가 갑자기 무너지자 불안해진 프리마 돈나 칼로타(Carlotta)는 출연을 거부한다. 코러스인 크리스틴 다에(Christine Daaé)는 훌륭하게 주역을 커버한다.

후원자 라울(Raoul)은 저녁 식사에 크리스틴을 초대하고 라울에게 질투심을 느낀 팬텀이 나타나 크리스틴을 지하 세계로 데려간다. 팬텀의 진면목이 궁금한 크리스틴이 팬텀의 가면을 벗기자 흉측한 얼굴이 드러난다.

발레단장 지리 부인(Madamn Giry)에게 쪽지가 온다. 다음 공연작 「일 무토*Il Muto*」*에서 크리스틴이 주역을 맡지 않으면 재앙이 닥칠 거라는 팬텀의 경고이다. 이를 무시하고 칼로타가 주역을 맡게 되자 분노한 팬텀은 무대감독 뷔케를 목 졸라 죽이고 샹들리에도 떨어뜨려 극장을 아수라장으로 만든다.

여섯 달 후 극장이 다시 열려 공연하고 있을 때 팬텀이 나타나 그가 쓴 오페라 「돈 후앙의 개선 *Don Juan Triumphant*」*을 즉시 제작하고 크리스틴을 주역으로 기용하라고 요구한다. 그러지 않으면 비참한 결과가 있을 거라고 경고한다. 라울은 오페라 개막일에 팬텀을 잡을 계획을 세우고 크리스틴은 라울에 대한 사랑과 팬텀에 대한 고마움 사이에서 갈등한다.

오페라에서 크리스틴은 오페라 수석 테너인 우발도 피안지(Ubaldo Piangi)와 노래하다가 그가 팬텀이라는 것을 깨닫고는 그의 가면을 벗긴다. 이때 피안지의 시체가 발견되고 팬텀은 크리스틴을 데리고 도망친다. 군중도 팬텀을 뒤쫓는다.

지하 은신처로 도망친 팬텀은 쫓아온 라울을 붙잡고는 크리스틴에게 영원히 자기와 함께 있어 준다면 라울을 풀어 주겠지만 만약 거절하면 라울을 죽일 것이라고 한다. 크리스틴이 팬텀에게 일그러진 것은 영혼이지 얼굴이 아니라며 키스하고 그를 위로한다. 크리스틴에게 감동받은 팬텀은 두 사람을 풀어 주고, 자리에 앉아 망토를 걸친다. 이어 군중이 밀어닥친다. 군중이 그의 망토를 벗기지만 팬텀은 없고 가면만 남아 있다.

뮤지컬 넘버

프롤로그

Overture (orchestra)

1막

A Rehearsal For *Hannibal* / Think Of
    Me(Introduction)

Think Of Me

Angel Of Music

Little Lotte··· / The Mirror

The Phantom Of The Opera

The Music Of The Night

I Remember··· / Stranger Than You Dreamt It

Magical Lasso

Notes

Prima Donna

Poor Fool, He Makes Me Laugh

Why Have You Brought Us Here? / Raoul, I'
    ve Been There

All I Ask Of You

2막

Entr'acte(orchestra)

Masquerade / Why So Silent?

We Have All Been Blind / Twisted
    Every Way

A Rehearsal For *Don Juan Triumphant*

Wishing You Were Somehow Here
    Again

Wandering Child··· / Bravo,
    Monsieur···!

Music From *Don Juan Triumphant*

The Point Of No Return

Down Once More··· / Track Down This
    Murderer

Finale(orchestra)

----

* 실재하지 않는, 극 속에만 나오는 오페라이다.

#23

Les Misérables

음악	Claude-Michel Schönberg
개막	1985. 10. 8.(웨스트엔드) / 1987. 3. 12.(브로드웨이)
대본	Claude-Michel Schönberg, Alain Boublil
개막 극장	Barbican Arts Centre(웨스트엔드) / Broadway Theatre(브로드웨이)
노랫말	Herbert Kretz
공연 횟수	상연 중(웨스트엔드 : 2010년 1월, 1만 회 / 브로드웨이 : 상연 종료, 6,680)

줄거리

공장주인 마들레느 씨(Monsieur Madeleine)는 몽트뢰쉬르메르(Montreuil-sur-Mer)의 시장인데, 바로 과거의 장 발장이다. 공장에서 해고되어 몸을 팔던 팡틴느(Fantine)를 돕기도 하고, 수레를 들어 올려 몸이 깔린 사람을 구하기도 한다. 자베르 경감은 마들레느 씨를 보고 엄청난 힘을 지녔던 장 발장을 떠올린다. 팡틴느는 죽으면서 딸 코제트(Cosette)를 장 발장에게 부탁하고, 장 발장은 데나르디에 부부의 여관에서 코제트를 찾아내 파리로 데려간다.

빈민을 도우려는 유일한 정치가 라마르크가 위독하다는 소식이 알려지면서 파리는 술렁인다. 여관을 잃고 도적 패거리의 왕초가 된 데나르디에 부부의 딸 에포닌느(Éponine)는 학생 혁명가 마리우스(Marius)를 남몰래 사랑하고 있다. 그러나 마리우스는 우연히 부딪친 코제트와 사랑에 빠진다.

라마르크가 죽고 시위대는 바리케이드를 쌓아 전투를 준비하는데, 자베르가 스파이가 되어 시위대에 합류한다. 장 발장은 망명을 준비하고, 갈등하던 마리우스는 에포닌느를 시켜 코제트에게 고별 편지를 보낸다. 편지를 가로챈 장 발장은 마리우스와 코제트의 사랑을 알게 되고 시위대에 합류한다. 에포닌느는 바리케이드로 돌아오던 길에 정부군의 총에 맞아 죽고 시위대는 에포닌느의 이름으로 싸울 것을 맹세한다. 장 발장은 스파이임이 밝혀진 자베르를 도망치게 한다.

정부군 공격에 모두 죽고 장 발장은 마리우스를 구해 도망치지만 다시 자베르와 마주친다. 마리우스를 구해 내려는 장 발장을 보면서 자베르는 장 발장의 끝없는 자기희생과 사랑, 그리고 냉혹한 법 집행자인 자신 사이에서 갈등하다 센 강에 몸을 던진다.

마리우스와 코제트는 결혼하고 마리우스는 장 발장이 자신을 구했다는 사실을, 코제트는 어머니 팡틴느에 대해 알게 된다. 마리우스와 코제트가 장 발장의 은혜를 고마워하는 가운데 장 발장은 신에게 감사하며 숨을 거둔다. 하늘로 올라간 장 발장의 영혼은 혁명전쟁 속에서 죽은 사람들을 만나 함께 〈들리는가 민중의 노래*Do You Hear The People Sing*〉를 부른다.

뮤지컬 넘버

프롤로그

Work Song

On Parole

Valjean Arrested, Valjean Forgiven

What Have I Done?

1막

At The End Of The Day

I Dreamed A Dream

Lovely Ladies

Fantine's Arrest

The Runaway Cart

Who Am I? / The Trial

Fantine's Death : Come To Me

The Confrontation

Castle On A Cloud

Master Of The House

The Well Scene

The Bargin / The Thénardier Waltz
    Of Theachery

Look Down

The Robbery

Javert's Intervention

Stars

Éponine's Errand

ABC Café / Red And Black

Do You Hear The People Sing?

Rue Plumet–In My Life

A Heart Full Of Love

The Attack On The Rue Plumet

One Day More

2막

Building the Barricade(Upon These Stones)

On My Own

At The Barricade(Upon These Stones)

Javert's Arrival

Little People

A Little Fall Of Rain(Éponine's Death)

Night Of Anguish

The First Attack

Drink With Me

Bring Him Home

Dawn Of Anguish

The Second Attack(Death of Gavroche)

The Final Battle

Dog Eats Dog(The Sewers)

Soliloquy(Javert's Suicide)

Turning

Empty Chairs At Empty Tables

Every Day

Valjean's Confession

Wedding Chorale

Beggars At The Feast

Valjean's Death

Finale

#24

Miss Saigon

음악	Claude–Michel Schönberg
개막	1989. 9. 20.(웨스트엔드) / 1991. 4. 11.(브로드웨이)
대본	Claude–Michel Schönberg, Alain Boublil
개막 극장	Theatre Royal, Drury Lane(웨스트엔드) / Broadway Theatre(브로드웨이)
노랫말	Alain Boublil, Richard Maltby Jr.
공연 횟수	4,264(웨스트엔드) / 4,092(브로드웨이)

줄거리

1975년 4월 사이공 함락 직전. 프랑스계 베트남인 엔지니어가 운영하는 지저분한 술집 드림 랜드(Dreamland)에 17살 고아 소녀 킴(Kim)이 접대부로 들어온다. 킴은 미 해병 크리스(Chris Scott)와 사랑에 빠지고 크리스는 킴을 구출하기 위해 엔지니어와 협상하지만 엔지니어는 미국 행 비자를 요구한다.

크리스와 킴은 결혼한다. 킴의 사촌이자 13살에 킴과 약혼한 뚜이(Thuy)가 찾아오지만 킴은 부모님이 돌아가셨으므로 약혼은 무효라고 선언한다. 크리스는 킴을 데리고 미국으로 가겠다고 약속한다.

그러나 킴을 데려가지 못하고 홀로 돌아간 크리스는 미국에서 엘렌(Ellen)과 결혼한다. 킴은 크리스의 아들 탐(Tam)을 홀로 키우고 있다. 사회주의 정부의 정치위원이 된 뚜이는 엔지니어를 시켜 빈민가에 숨어 살던 킴을 붙들어 와서 결혼을 강요한다. 킴은 거절하고 탐을 죽이려던 뚜이는 킴의 총에 맞아 죽는다. 킴은 도망쳐서 엔지니어의 도움을 받아 방콕으로 간다.

부이–도이(Bui–Doi, '거리의 아이들'이란 뜻으로, 전쟁 중 미군과의 사이에 태어난 아이들)와 미국인 아버지를 연결해 주는 기구에서 일하고 있는 크리스의 친구 존은 방콕의 클럽에서 댄서로 일하는 킴을 찾아낸다. 이를 알게 된 크리스는 아내 엘렌에게 킴과 탐에 대해 고백한다. 방콕에 존, 엘렌, 크리스가 온다.

킴은 악몽을 꾼다. 미군이 철수하던 날 대사관 앞의 아비규환 속에서 크리스와 헤어지던 날의 꿈이다.

킴은 잔뜩 들떠서 크리스가 묵고 있는 호텔로 가지만 크리스의 아내 엘렌을 보게 되고 탐이라도 미국으로 보내려고 한다. 킴은 탐에게 이제 아빠가 생겼으니 행복하게 될 거라면서 나는 너와 함께 가지 못하지만 너를 지키겠노라고 이야기한다.

탐을 데려가기 위해 크리스와 엘렌이 도착하고 탐은 처음으로 아빠 크리스를 만난다. 킴은 총으로 자살한다. 크리스의 품에 안겨 죽어 가면서 마지막 키스를 나눈 킴이 말한다. "하룻밤 새에 우리는 얼마나 멀리 간 것일까?(How in one night have we come so far?)"

뮤지컬 넘버

1막	2막
Overture	Bui Doi
The Heat Is On In Saigon	The Revelation
The Movie In My Mind	What A Waste
The Transaction	Please
The Dance	Chris Is Here
Why, God, Why?	Kim's Nightmare
This Money's Yours	Fall Of Saigon
Sun And Moon	Room 317
The Telephone Song	Now That I've Seen Her
The Deal	The Confrontation
The Wedding Ceremony	Paper Dragons
Thuy's Arrival	The American Dream
Last Night Of The World	Finale
The Morning Of The Dragon	
I Still Believe	
Back In Town	
Thuy's Death	
This Is The Hour	
If You Want To Die In Bed	
Let Me See His Western Nose	
I'd Give My Life For You	
Exodus	

25

Company

음악	Stephen Sondheim
개막	1970. 4. 26.
대본	George Furth
개막 극장	Alvin Theatre
노랫말	Stephen Sondheim
공연 횟수	705

줄거리

• **첫 번째 장면** 로버트(Robert)는 뉴욕에 살고 있는 독신남이다. 친구 부부 다섯 쌍이 로버트의 35번째 생일을 축하해 주려고 그의 아파트로 모인다. 로버트는 촛불을 끄려고 하지만 꺼지지 않는다.

• **두 번째 장면** 로버트는 해리(Harry) 부부의 집을 방문한다. 로버트는 해리에게 결혼을 후회한 적이 있느냐고 묻는다. 해리가 대답한다. "안쓰럽고 고맙지. 결혼은 모든 것을 바꾸지만 살아가는 방식은 아무것도 바뀌지 않더군."

• **세 번째 장면** 로버트가 피터(Peter) 부부의 아파트 테라스에 있다. 완벽한 부부로 보이는 두 사람에게 로버트가 말한다. 만약 헤어진다면 그 사실을 가장 먼저 알기를 바란다고. 그들이 대답한다. "좋지. 네가 가장 먼저 알게 될 거야."라고 하더니 바로 이혼하기로 결정한다.

• **네 번째 장면** 제니(Jenny)와 데이비드(David) 집이다. 로버트가 가져온 마리화나를 함께 피운다. 그리고 둘은 로버트에게 왜 아직도 결혼하지 않느냐고 닦달한다.

• **다섯 번째 장면** 로버트가 여자 친구 셋을 각기 다른 장소에서 만난다.

 – 에이프릴(April) : 머리가 좀 둔한 항공사 승무원이다. 따분하고 멍청하다는 것을 스스로 인정한다. 듣자하니 요즘 재미없는 남자 친구와 같이 살고 있는 데 행복해 보인다.

 – 캐시(Kathy) : 공원에서 캐시를 만난다. 로버트가 처음 만났을 때 결혼하고 싶었다고 하자 캐시도 그랬다고 한다. 그러나 캐시는 결혼하기로 한 다른 남자에게 돌아가겠다고 폭탄 선언을 한다.

 – 마르타(Marta) : 마르타는 온갖 잡소리를 늘어놓고 로버트는 그걸 들어주느라 정신이 없다.

• **여섯 번째 장면** 동거하던 에이미(Amy)와 폴(Paul)이 결혼하는 날이다. 에이미는 결혼하면 안 되는 온갖 이유를 재잘거리더니 결혼식을 취소한다. 로버트가 청혼한다. 에이미가 말한다. "결혼 해야 한다지만 단지 육체와 결혼하는 것은 아니에요."

- **일곱 번째 장면** 다시 생일 파티로 돌아온다. 남자들은 순서대로 춤을 추고 각자의 아내가 답례 춤을 춘다. 로버트도 춤을 추지만 거기에 맞추어 줄 상대방이 없다.
- **여덟 번째 장면** 로버트는 데이트를 마치고 술을 한잔하려고 에이프릴을 아파트로 데려온다. 에이프릴과 잠자리를 같이 하는데, 캐시가 나타나 성교(having sex, 애정 없이 즐거움만을 위한 성행위)와 정사(making love, 애정이 깔린 성행위)의 차이를 묘사하는 춤을 춘다.
- **아홉 번째 장면** 로버트는 마르타와 피터의 집을 방문한다. 이혼한 피터와 수잔은 여전히 같이 살고 있다. 실제로는 갈라섰지만 서로 상대방에게 많은 책임을 요구하는 것을 보니 그들의 관계는 이혼으로 더 강화된 것 같다. 피터는 로버트에게 동성애를 경험해 봤느냐고 묻는다. 피터가 해 보자고 제안하지만 로버트는 웃어넘긴다.
- **열 번째 장면** 조앤(Joanne)과 래리(Larry)는 로버트를 나이트클럽에 데려간다. 래리가 춤추는 동안 조앤과 로버트는 술만 들이킨다. 조앤은 중년 부자 여성들이 삶을 낭비하는 것을 비난하다가 자신도 별로 다르지 않음을 깨닫는다. 조앤은 로버트에게 섹스하자고 제안한다.
- **열한 번째 장면** 로버트는 친구 부부들 방문하기를 그만둔다. 생일 파티에 로버트가 나타나지 않자 친구들도 모두 집으로 돌아간다. 로버트가 홀로 나와 웃으며 촛불을 끈다.

뮤지컬 넘버

1막	2막
Overture(orchestra)	Entr'acte(orchestra)
Company	Side By Side By Side/What
The Little Things You Do Together	Would We Do Without You?
Sorry-Grateful	Poor Baby
You Could Drive A Person Crazy	Tick-Tock[1]
Have I Got A Girl For You	Barcelona
Someone Is Waiting	The Ladies Who Lunch
Another Hundred People	Being Alive[2]
Getting Married Today	
Marry Me A Little	

---

1. 댄스 넘버인 이 곡은 처음 브로드웨이 원판에는 줄여서 들어갔으나 이후 완전히 삭제되었다가 2000년대 몇몇 판에서 다시 들어오게 되었다.
2. 원래 피날레는 〈Multitude of Amys〉였으나 삭제되고, 초기 몇몇 판에서는 〈Happily Ever After〉가 쓰이다가 결국 〈Being Alive〉로 대체되었다.

#26

Sweeney Todd

음악	Stephen Sondheim
개막	1979. 3. 1.
대본	Hugh Wheeler
개막 극장	Uris Theatre
노랫말	Stephen Sondheim
공연 횟수	557

줄거리

19세기 빅토리아 여왕 시대 순박한 이발사 벤저민 바커(Benjamin Barker)는 산업화로 황폐해진 도시 런던에서 아내 루시(Lucy), 딸 조안나(Johanna)와 함께 행복하게 살고 있다. 그러던 어느날 루시를 탐내는 터핀 판사(Judge Turpin)의 계략에 빠져 오스트레일리아로 유배된다. 15년에 걸친 유배 생활 끝에 탈출하여 런던으로 돌아온 바커는 분노와 복수심에 불타는 스위니 토드가 되어 터핀뿐만 아니라 온 런던을 향해 복수하려 한다. 고기 파이 가게 주인인 러빗 부인(Mrs. Nellie Lovett)에게서 아내 루시가

터핀 판사에게 강간당한 뒤 음독자살하고 딸은 강제 입양되었다는 이야기를 듣는다. 게다가 터핀은 바커의 딸 조안나까지 넘보고 있다. 불타오르는 복수심 탓에 분별력을 잃은 바커는 자신의 과거를 폭로하겠다는 이발사 아돌프 피렐리(Adolfo Pirell)를 죽이고 시신의 살덩이를 러빗 부인의 고기파이에 다져 넣는가 하면 한 거지 여인을 죽이기도 한다. 그러나 거지 여인은 바로 죽은 줄 알았던 아내 루시였다.

프롤로그

Organ Prelude

The Ballad Of Sweeney Todd

1막

No Place Like London

The Barber And His Wife

The Worst Pies In London

Poor Thing

My Friends

Green Finch And Linnet Bird

Ah, Miss

Johanna

Pirelli's Miracle Elixir

The Contest

  Pirelli's Entrance

  Shaving Scene

  Tooth-Pulling Scene

Johanna(Judge's Song) : Mea Culpa

Wait

Pirelli's Death

Kiss Me

Ladies In Their Sensitivities

Kiss Me(Quartet)

Pretty Women

Epiphany

A Little Priest

2막

God, That's Good!

Johanna(Quartet)

By The Sea

Wigmaker Sequence

  Wigmaker

  The Letter

Not While I'm Around

Parlor Songs

  Sweet Polly Plunkett

  Tower Of Bray

Final Sequence

  Fogg's Asylum

  City On Fire/Searching

  Beggar Woman's Lullaby

  The Judge's Return

  Final Scene

에필로그

The Ballad Of Sweeney Todd

#27

Dreamgirls

음악	Henry Krieger
개막	1981. 12. 20.
대본	Tom Eyen
개막 극장	Imperial Theatre
노랫말	Tom Eyen
공연 횟수	1,521

줄거리

1962년. 시카고에서 온 걸그룹 드리메츠(Dreamettes)가 아마추어 경연 대회에 참석하고 있다. 리드 싱어 에피(Effie White), 디나(Deena Jones), 로렐(Lorrell Robinson)로 구성된 이들은 에피의 동생 씨씨(C.C)가 작곡한 노래를 불렀으나 상을 타지는 못했다. 하지만 중고차 판매상 커티스(Curtis Taylor Jr.)를 만나게 되고 그는 드리메츠의 매니저가 된다.

커티스는 유명한 리듬앤드블루스 가수 지미(James "Thunder" Early)와 매니저 마티(Marty)를 만나 드리메츠를 코러스로 기용하게 한다. 그리고 지미와 마티에게 리듬앤드블루스 시장을 넘어 팝 시장에 도전해야 한다고 말한다. 씨씨는 새 노래 〈캐딜락*Cadillac Car*〉을 작곡하여 크게 성공하지만 오히려 팝 가수인 데이브와 스위트하츠(Dave and the Sweethearts)의 커버 버전이 오리지널보다 더 큰 인기를 얻는다. 이에 분노한 커티스는 디스크 자키들을 매수하여 다음 노래를 성공시킨다.

커티스는 지미를 페리 코모(Pierino Ronald Como)풍 가수로 만들려고 한다. '드리메츠'의 이름도 '드림스'로 바꾸고 팝에 가까운 외모와 음악을 추구한다. 그리고 매력 넘치는 디나를 에피 대신 리드 싱어로 세우려고 한다. 마티는 매니저를 관두고 커티스가 자리를 넘겨받는다.

몇 년 후 드림스는 큰 성공을 거두고 디나는 스타덤에 오른다. 그러나 에피는 신경질이 늘어 가고 커티스와 디나가 바람을 피운다고 의심한다.

1967년. 그룹은 라스베이거스에 데뷔하지만 에피는 출연하지 않는다. 에피는 커티스의 아이를 임신하고 있었던 것이다. 에피가 태업을 벌이고 있다고 생각한 커티스는 에피를 새 가수 미셸(Michelle Morris)로 바꾼다. 에피는 밴드를 떠난다.

1972년. 드림스는 최고의 걸그룹이 된다. 디나는 커티스와 결혼하고 씨씨는 미셸과 사랑에 빠진다. 에피는 시카고로 돌아와 커티스의 아이인 매직(Magic)을 키우면서 무대로 돌아오려 하고, 디나는 영화배우가 되고 싶어한다. 씨씨는 커티스가 그의 노래에 대해 심하게 간섭하는 데 짜증을 느낀다. 미셸은 씨씨에게 에피를 찾아내 화해하라고 한다.

에피가 원래대로 발라드로 녹음한 씨씨의 노래 〈One Night Only〉의 순위가 계속 올라가자 커티스는 디스코 버전인 디나의 노래를 위해 뇌물을 쓴다. 그러나 변호사를 데리고 온 에피 앞에 굴복하게 되고 에피와 디나는 화해한다. 그리고 디나는 에피의 딸 매직이 커티스의 아이임을 알게 된다. 커티스의 진면목을 알게 된 디나는 커티스를 떠나기로 결심한다. 에피의 노래가 1위에 오르고 디나가 배우 일을 시작할 수 있도록 드림스는 해체한다. 드림스의 고별 콘서트의 마지막 노래. 에피가 다시 그룹과 함께 무대에 서서 그들의 상징과도 같은 〈Dreamgirls〉를 마지막으로 부른다.

뮤지컬 넘버

1막

I'm Lookin' For Something

Goin' Downtown

Takin' The Long Way Home

Move(You're Steppin' On My Heart)

Fake Your Way To The Top

Cadillac Car

Cadillac Car(On the Road)

Cadillac Car(In the Recording Studio)

Steppin' To The Bad Side

Party, Party

I Want You Baby

Family

Dreamgirls

Press Conference

Only The Beginning

Heavy

Drivin' Down The Strip

It's All Over

And I Am Telling You I'm Not Going

Love Love Me Baby

2막

Act II Opening

I Am Changing

One More Picture Please

When I First Saw You

Got to Be Good Times

Ain't No Party

I Meant You No Harm

Quintette

The Rap

Firing Of Jimmy

I Miss You Old Friend

One Night Only

One Night Only(Disco)

I'm Somebody

Chicago / Faith In Myself

Hard To Say Goodbye, My Love

Dreamgirls

#28

Kiss of the Spider Woman

음악	John Kander
개막	1992.10. 20.(웨스트엔드) / 1993. 5. 3.(브로드웨이)
대본	Terrence McNally
개막 극장	Shaflesbury Theatre(웨스트엔드) / Broadhurst Theatre(브로드웨이)
노랫말	Fred Ebb
공연 횟수	390(웨스트엔드) / 904(브로드웨이)

줄거리

3년째 복역 중인 몰리나(Luis Alberto Molina)는 동성애자이다. 그는 환상 세계에서 산다. 주로 영화 이야기를 하는데 환상 속의 여신 오로라를 사랑하며, 키스로 사람을 죽이는 거미 여인을 두려워한다.

고문으로 몸이 상한 마르크스주의 혁명가 발렌틴(Valentin Arregui Paz)이 그의 감방으로 들어온다. 몰리나는 그를 간호하며 오로라에 대해 이야기하지만 발렌틴은 몰리나가 하는 환상놀이를 참을 수가 없다. 바닥에 금을 그어 놓고 넘어오지 말라고 한다.

그러나 몰리나는 오로라와 어머니에 대한 이야기를 계속하고, 발렌틴도 마르타(Marta)라는 자신의 여자 친구 이야기를 한다.

소장은 몰리나를 회유하여 발렌틴의 뒤를 캐려 한다. 발렌틴의 여자친구 이름을 알려 주면 위독한 어머니를 뵈러 가게 해 주겠다고 몰리나를 회유한다.

몰리나는 발렌틴이 먹으려는 독이 든 음식을 먹고 환각에 빠져 경련을 일으킨다. 병감으로 옮겨지는 몰리나는 환각 속에서 오로라와 어머니에 대해 주절거린다. 몰리나가 돌아왔을 때 발렌틴도 역시 역시 독이 든 음식을 먹고 같은 증상을 보이며 괴로워한다. 몰리나는 발렌틴이 자기처럼 환각 속에서 모든 비밀을 털어 놓을까 걱정이 되어 그가 병원으로 가는 것을 막는다. 발렌틴은 그에게 영화에 대해 말해 달라고 한다. 몰리나는 영화 이야기를 하는 게 행복했고 발렌틴도 몰리나의 환상과 희망을 함께 나눈다.

몰리나는 모범수로 인정받아 내일이면 석방된다. 발렌틴은 몰리나에게 나가거든 몇 군데 전화를 해 달라고 부탁한다. 그런데 다음 날 석방된 몰리나가 심하게 다친 채 다시 끌려온다. 미행을 당하고 있던 몰리나가 전화 통화를 하다 붙잡힌 것이다. 발렌틴을 사랑했던 몰리나는 누구와 통화했는지 말하기를 거부하고 결국 총에 맞아 죽는다.

몰리나가 있는 하늘나라. 모든 사람이 그의 마지막 영화를 보고 있다. 그리고 거미 여인이 나타나 몰리나에게 죽음을 뜻하는 키스를 하고 막이 내린다.

뮤지컬 넘버

1막

Prologue

Her Name Is Aurora

Over The Wall

And The Moon Grows Dimmer

Bluebloods

Dressing Them Up / I Draw The Line

Dear One

Over The Wall II

Where You Are

Over The Wall III / Marta

Come

I Do Miracles

Gabriel's Letter / My First Woman

Morphine Tango

You Could Never Shame Me

A Visit

She's A Woman

Gimme Love

2막

Russian Movie / Good Times

The Day After That

Mama, It's Me

Anything For Him

Kiss Of The Spider Woman

Over The Wall IV / Lucky Molina

Only In The Movies / His Name Was Molina

#29

Rent

음악	Jonathan Larson
개막	1996. 1. 25.(오프-브로드웨이) / 1996. 4. 29.(브로드웨이)
대본	Jonathan Larson
개막 극장	New York Theatre Workshop(오프-브로드웨이) / Nederlander Theatre(브로드웨이)
노랫말	Jonathan Larson
공연 횟수	5,123

줄거리

크리스마스이브. 마크와 로저는 같은 방에 살고 있다. 마크는 여자 친구 모린과 헤어졌고, 로저는 여자 친구가 자살한 뒤 깊은 우울감에 빠져 있다. 그는 에이즈 환자이다. 죽기 전에 이름을 남길 만한 음악을 쓰고 싶어 한다.

베니는 부잣집으로 장가를 들어 팔자를 고쳤다. 마크와 로저에게 집세를 독촉한다. 그는 아파트 옆 땅도 사서 새 건물을 지으려 하지만, 노숙자들을 쫓아내기가 만만치 않은 데다가 마크의 옛 연인 모린 때문에 골치가 아프다. 모린이 새 여자 친구 조앤과 함께 노숙자들을 도와 항의 집회를 조직하고 있기 때문이다.

강도를 당하고 쓰러져 있는 톰을 앤젤이 구해 주고 둘은 바로 사랑에 빠진다. 둘 다 에이즈 환자이다. 그들의 아래층에 살고 있는 미미도 에이즈 환자이다. 미미는 로저에게 촛불을 켜 달라고 오지만 사실은 로저를 마음에 두고 있어서 보러온 것이다. 로저도 미미에게 끌리기는 하지만 새 관계를 맺는 것이 내키지 않는다.

모린이 조직한 노숙자들의 항의 집회, 실패로 돌아간 베니의 회유와 음모, 로저와 미미의 사랑과 갈등, 헤어짐 따위 일들이 얽히는 가운데 앤젤은 에이즈가 악화되어 죽는다. 마크와 로저가 다툰다. 그러면서 마크는 로저가 진정으로 두려워하는 것은 미미를 에이즈로 잃게 되는 것임을 알게 된다. 하지만 이를 엿들은 미미는 로저와 헤어지겠다고 한다.

외로움과 갈등 속에서 자신들의 삶과 친구들과 함께 한 지난 세월을 회상하던 로저와 마크는 각자 영감을 받는다. 로저는 미미에 대한 노래를 쓰게 되고 마크는 앤젤의 기억을 영화에 담으려 한다.

크리스마스이브. 정확히 1년이 지났다. 마크는 영화를 만들어 상영을 준비하고 있다. 로저도 노래를 완성했지만 미미는 어디에서도 찾을 수 없다.

모린과 조앤이 죽어 가는 미미를 데리고 들어온다. 미미는 정신을 잃어 가면서도 로저를 사랑한다고 말하고 로저는 미미를 위해 써 놓은 노래를 연주한다. 그러자 미미가 깨어난다.

뮤지컬 넘버

1막	2막
Tune Up #1	Seasons of Love **A**
Voice Mail #1	Happy New Year **A**
Tune Up #2	Voice Mail #3
Rent	Happy New Year **B**
You Okay, Honey?	Take Me Or Leave Me
Tune Up #3	Seasons Of Love **B**
One Song Glory	Without You
Light My Candle	Voice Mail #4
Voice Mail #2	Contact
Today 4 U	Halloween
You'll See	Goodbye Love
Tango: Maureen	What You Own
Life Support	Voice Mail #5
Out Tonight	Finale **A**
Another Day	Your Eyes
Will I?	Finale **B**
On The Street	
Santa Fe	
I'll Cover You	
We're Okay	
Christmas Bells	
Over The Moon	
La Vie Bohème **A**	
I Should Tell You	
La Vie Bohème **B**	

#30

Lion King

음악	Elton John
개막	1997. 11. 13.
대본	Roger Allers, Irene Mecchi
개막 극장	New Amsterdam Theatre
노랫말	Tim Rice
공연 횟수	공연 중(2015년 3월 현재 7,200회를 넘김)

줄거리

사자왕 무파사(Mufasa)의 동생 스카(Scar)는 왕이 될 기회를 놓친 것을 한탄한다. 무파사에게는 왕위를 이을 아들 심바(Simba)가 있다. 심바는 여자 친구 날라(Nala)와 가장 친하다.

스카는 하이에나들에게 무파사와 심바를 죽이고 왕이 되면 다시는 굶주리지 않을 것이라고 약속하고 군대를 키운다. 그리고 계략을 써서 무파사를 죽이고 심바도 죽이려고 하지만 심바는 몸을 피한다. 스카가 왕이 되고 하이에나를 왕국 안으로 들어오게 한다. 미어캣 티몬(Timon)과 멧돼지 품바(Pumbaa)는 심바를 구해 정글로 들어온다.

시간이 흘러 심바도 어른이 되지만 친구들처럼 태평스레 사는 데 길이 든다. 스카가 다스리는 왕국은 피폐할 대로 피폐해졌고 먹을 것도 없다. 더구나 스카는 날라를 왕비로 삼겠노라고 한다. 분노한 날라는 왕국을 떠나 도움을 구하기로 한다.

암사자에게 쫓기고 있는 품바를 심바가 구해 주고 보니 암사자는 바로 날라이다. 날라는 심바에게 재앙이 닥친 왕국에 대해 말하지만 아직도 무파사의 죽음에 책임을 느끼는 심바는 돌아가려 하지 않는다. 게다가 편한 생활에 길이 들어 용기도 사라졌다.

그러나 개코원숭이 라피키(Lafiki)의 격려를 받은 심바는 용기를 되찾아 왕국을 구하러 돌아간다. 돌아온 심바는 스카와 싸워 이기고 스카는 절벽 아래로 떨어져 하이에나의 밥이 된다. 이제 정당한 왕이 된 심바는 왕국을 재건하고 균형을 잡아 간다.

심바와 날라 사이에 아이가 태어나고 모든 동물들이 축하하기 위해 모여든다.

뮤지컬 넘버

1막

Circle Of Life

Grasslands Chant

The Morning Report

The Lioness Hunt

I Just Can't Wait To Be King

Chow Down

They Live In You

Be Prepared

The Stampede / Rafiki Mourns

Hakuna Matata

2막

One By One

The Madness Of King Scar

Shadowland

Endless Night

Can You Feel The Love Tonight

Simba Confronts Scar

King Of Pride Rock

한국 뮤지컬 약사(극단과 제작사)

「사운드 오브 뮤직」, 「웨스트사이드 스토리」와 같이 뮤지컬을 영화화해 성공한 작품들이 소개되면서 국내에서도 브로드웨이 뮤지컬을 축약하거나 번안하여 공연하기 시작했다. 한국 뮤지컬은 엄청난 성장을 거듭해 왔다. 수입이나 번안이 아닌 수준 높은 창작 뮤지컬도 많이 나타나고 있으며, 뮤지컬을 즐기는 사람들도 크게 늘어났다.

우리에게 뮤지컬 전통이 없는 것은 아니다. 세계문화유산으로 지정된 판소리도 분명 뮤지컬이다. 고수의 북 반주를 바탕으로 노래가 극을 이끌어간다는 점이 그렇다. 물론 춤이 약하기는 하다.

1930년대에는 오늘날의 뮤지컬과 비슷한 악극(樂劇)이란 공연물이 생겨나기도 했다. 가수가 부르는 노래에 연기와 춤을 덧붙인 것이다. 당시 악극은 슬픈 사랑과 이별을 주제로 관객의 눈물을 자아내는 것이었는데, 식민지 민중의 마음을 울리며 높은 인기를 얻었다. 일제는 악극이 식민 지배에 방해가 된다고 판단해서인지 종종 공연장에 순사들을 배치하곤 했다. 그러나 사실 이런 애상과 눈물은 식민 지배 정책에 전혀 방해되지 않았다. 한편으로는 식민지 민중의 한 맺힌 정서를 씻어 내는 통로가 되어 분출하는 저항 의식을 무디게 하는 수단이 되기도 했던 것이다.

'국립창극단'의 창극(唱劇)이나 극단 '미추'의 마당놀이 같은 공연물도 전통 연희 양식을 바탕으로 만든 뮤지컬이라고 할 수 있다.

　이제 우리도 우리의 전통을 바탕으로 우리의 뮤지컬을 제작해야 한다. 세계 어디에 내놓아도 손색이 없는 독창성과 예술성을 지니고 있으면서도 남의 것을 흉내 낸다는 것은 부끄럽지 않은가. 흉내만으로는 세계 무

한국음악극 연구소

이건용(1947~), 문호근(1946~2001), 강준일(1944~2015) 등 학자와 예술가들이 모여 서양식 음악극 개념과 다른 우리식 음악극을 고민하면서 1986년 12월에 문을 열었다. "이 시대의 우리 음악극을 만든다."를 모토로 「우리들의 사랑」(1987), 「구로동 연가」(1988) 따위를 공연했다. 그 중심인물 가운데 한 명인 오페라 연출가 문호근이 주도한 '가극단 금강'이 신동엽의 장시 『금강』을 대본으로 삼아 가극 「금강」(1994)을 공연한 바 있고, 1997년에는 「구로동 연가」를 다시 무대에 올리기도 했다.

「살짜기 옵서예」

『배비장전』을 각색하여 '가무악'이라는 이름을 달고 공연되었다. 전통 예술을 오늘날의 정서에 맞추어 개작했다는 의미와 함께 한국 뮤지컬의 효시가 된 매우 중요한 작품이다.

대본 김영수, 노랫말 박용구·황운헌, 작곡 최창권, 안무 임성남, 연출 백은선·임영웅 등의 제작진에 주인공인 1대 애랑에 패티 김이 기용됐고, 코미디언 곽규석, 연극배우이자 탤런트 김성원 따위

유명인들이 출연했다. 주제곡 〈살짜기 옵서예〉는 음반으로도 나와 큰 인기를 모았고, 방송가요 대상을 수상하기도 했다.

여러 차례 리바이벌 되면서 한국 뮤지컬의 고정 레퍼토리가 되었고, 2013년에 예술의 전당 개관 25주년 기념 공연으로 또 한 번 리바이벌 되었다. 당시 애랑 역은 김선영이 맡았다.

대에서 생존할 수가 없는 것이다.

■ 예그린악단

'예그린악단'은 연극 형태의 음악극을 시도하여 1962년 이기하(1932~
2003) 연출, 김생려(1912~1995) 지휘로 창단 공연 「삼천만의 향연」을 무대
에 올렸다. 그러나 이는 뮤지컬이라기보다는 연극과 음악을 버무린 버라
이어티쇼에 가까웠다. 1963년에는 무용, 음악, 연극이 어우러진 뮤지컬
형식을 취하여 「흥부와 놀부」를 공연하기도 했으나, 이는 극 줄거리에 맞
추어 민요 몇 곡을 편곡하여 배치한 것에 지나지 않았다.

더구나 '예그린악단'은 태생 자체가 정치 논리를 바탕으로 했기 때문
에* 정치 상황의 변동에 따라 해체와 재창단을 거듭하였고, 스스로 뮤지
컬의 발전을 이끌고 나갈 만한 동력을 키우지는 못했다. 그러나 이들이
한국 뮤지컬의 씨앗을 뿌렸다는 점은 높게 평가해야 할 것이다.

1966년의 「살짜기 옵서예」는 한국 뮤지컬의 효시라는 점에서 그 의미
가 매우 큰 작품이다. 이 작품은 당시 상당한 인기를 불러일으켰으며, 패
티 김(1938~)이 부른 주제가도 큰 성공을 거두었다.

이후 해체와 재창단을 거듭하면서도 「꽃님이 꽃님이 꽃님이」(1967),
「대춘향전」(1968)을 공연했다. 1973년 '국립가무단'으로 이름을 바꾸고
「시집가는 날」(1974)을 공연한 뒤, 1976년 '국립예그린예술단'으로 이름을
바꾸었다가 1977년 '서울시립가무단'으로 세종문화회관에 편입되었다.

---

* 당시 중앙정보부장 김종필이 창단을 주도했다고 한다. 5 · 16 군사 쿠데타로 성립한 박정희 정권이 격변
기의 혼란한 민심을 추스르고, 이른바 '민족문화의 창달'을 앞세워 자신들의 문화예술 정책을 구현하려는
선전홍보 도구라는 성격이 컸다.

현재 이름은 '서울시뮤지컬단'이다.

■동랑 레퍼토리

민간 극단으로는 처음으로 뮤지컬을 공연했다. '동랑(東朗)'은 유치진(1905~1974)의 아호이다. 미국 유학에서 돌아온 유인형(유치진의 맏딸, 1936~)이 연출한 「포기와 베스」(1966)가 큰 호응을 얻었고, '부설 동랑청소년 극단'은 「방황하는 별들」(1985)로 청소년 뮤지컬 발전에 기여했다.

■가교

톰 존스의 「팬터스틱스*Fantasticks*」를 개작한 「철부지들」(1973)을 공연했는데, 이후 이 작품은 우리 뮤지컬의 인기 레퍼토리가 되었다. 민간 극단에게 부담이 적은 소규모 뮤지컬이라는 점도 강점이다.

■현대극장

뮤지컬 전문 극단 1호로서 '예그린악단'과 더불어 우리나라 뮤지컬의 현대화에 기여했다.

1977년부터 꾸준히 뮤지컬 공연에 정성을 기울여 왔는데, 에디트 피아프(Edith Piaf)의 일대기를 그린 「빠담 빠담 빠담」(1977)으로 성공했으며, 1996년 '유인촌 레퍼토리'가 리바이벌하여 대성공을 거두기도 했다. 그 뒤 주로 브로드웨이 뮤지컬을 번안한 대형 뮤지컬을 꾸준히 공연하면서 1970년대 말에서 1980년대 중반까지 우리 뮤지컬의 토양을 다지는 데 크게 공헌하였다.

주요 공연 작품으로는 「피터팬」(1979), 「지저스 크라이스트 슈퍼스타」

(1980), 「사운드 오브 뮤직」(1981), 「에비타」(1981), 「올리버」(1983), 「웨스트 사이드 스토리」(1987), 「레 미제라블」(1988) 따위가 있다.

■ 민중, 광장, 대중

뮤지컬의 가능성을 알아본 선구자들로서 유리나라 뮤지컬 역사에 한 획을 그었다고 할 수 있다. 이들 극단은 단독 또는 합동으로 여러 뮤지컬을 제작했고, 이러한 노력으로 뮤지컬의 대중화 시대가 열렸다. 특히 1983년 세 극단이 합동으로 공연한 「아가씨와 건달들」은 해적판 공연에 머물기는 했지만 한국인이 가장 많이 본 미국 뮤지컬로 약 200만 명이 넘는 관객이 관람한 것으로 추정되고 있다.

그 뒤 극단 '민중'과 '광장'이 합동으로 「카바레」(1984)를 공연했으며, '광장'의 「피핀」(1987), '대중'의 「쉘부르의 우산」(1989), 「캣츠」(1990), 「넌센스」(1991), '민중'의 「노력하지 않고 출세하는 법」(1992), '광장'의 「코러스라인」(1992), 「레 미제라블」(1993) 등이 상연되었다.

■ 88 서울예술단(현 서울예술단)

1986년에 당시 전두환 정권이 서울 올림픽과 관련한 각종 문화 행사에 동원하기 위해 창단하였다. 1990년 재단법인 '서울예술단'으로 전환하였다.

뮤지컬 전문 단체를 표방하며 여러 작품을 발표했는데, 그중 「태풍」(1999), 「로미오와 줄리엣」(2002)은 좋은 평을 받기도 했다. 그러나 졸속 제작과 방만한 경영 상태에도 아랑곳하지 않고 엄청난 정부 지원금을 따내는 등 공연계 안팎으로부터 곱지 않은 눈길을 받고 있다.

■롯데월드 예술극장

1988년 뮤지컬 전용 극장으로 출발했다. 단원 전속 제도를 택해 번안 뮤지컬을 공연해 오다가 재정난으로 해체되었다.

「신비의 거울 속으로」, 「가스펠」, 「아가씨와 건달들」 「웨스트사이드 스토리」, 「돈키호테」, 「레 미제라블」 따위를 공연한 바 있다.

■맥토, 모시는 사람들

극단 '맥토'는 창작 뮤지컬 「동숭동 연가」(1993), 「번데기」(1994) 따위를 공연한 바 있으며, 극단 '모시는 사람들'의 「블루 사이공」(1995)은 높은 작품성으로 주목을 받았다.

■신시컴퍼니

1987년 극단 '신시'로 출발하여 1999년 민간 뮤지컬 단체로 변신하면서 '서울뮤지컬컴퍼니'로 이름을 바꾸고 외국 뮤지컬 신작을 발 빠르게 수입하였다. 「웨스트사이드 스토리」(1989), 「그리스 로큰롤」(1995), 「사운드 오브 뮤직」(1996), 「7인의 신부」(1995), 「갬블러」(2008), 「렌트」(2000), 「시카고」(2001) 등을 무대에 올렸으며, 「사랑은 비를 타고」(1995), 「쇼 코미디」(1996) 등으로 1990년대 뮤지컬 대중화의 한축을 담당하였다.

2000년 '(주)신시뮤지컬컴퍼니'로 법인화되었고, 2009년 '(주)신시컴퍼니'로 이름을 바꾸었다.

■학전

1991년 소극장으로 개관한 이래 다양한 공연 사업을 벌여온 '학전'은

1994년 「지하철 1호선」(1994)을 시작으로 「개똥이」(1995), 「모스키토」(1997), 「의형제」(1999) 따위의 뮤지컬을 연이어 발표하면서 우리의 문화, 우리의 토양에 뿌리내린 창작 뮤지컬 실험에 앞장서고 있다.

「지하철 1호선」은 독일 베를린 그립스 극장(Grips Theater)의 록 뮤지컬 「지하철 1호선*Linie 1*」(1986)을 번안한 소극장 뮤지컬로 장기 공연에 성공하였다. 우리나라 민중음악의 대부로 평가받는 김민기(1951~)*가 번안, 편곡, 연출, 제작을 모두 맡아 화제를 불러일으켰다.

■에이콤

1993년 뮤지컬 전문 단체를 표방하며 출범하여 이문열(1948~)의 희곡 『여우사냥』을 원작으로 한 창작 뮤지컬 「명성황후」(1995)로 1997년 미국에 진출하여 한국 뮤지컬 역사의 새 장을 열었다고 평가받고 있다. 하지만 소재와 줄거리 자체가 보편성이 없거니와 그것을 보완할 만한 작품성이 부족하다는 점, 음악과 노래가 재미없고 따분하며 오페라를 떠올리게 한다는 점이 큰 약점으로 꼽히고 있다. 더구나 민씨 일족의 정권을 유지하고 부귀영화를 도모하기 위해 외세를 등에 업었던 명성황후를 미화하고 찬양하는 내용은 이문열식 역사 인식의 천박성과 지나친 애국주의를 고스란히 드러냈다고 할 수 있다. 상업성으로 볼 때도 큰 적자를 보고 있

---

* 우리나라의 음악과 노래 운동의 뿌리라고 할 만한 사람이다. 1970년대 말 수많은 대학에서 생겨난 노래 동아리들이 그의 노래를 바탕으로 했고, 이 동아리들이 바탕이 되어 노래 운동 조직으로 발전해 나갔다. 물론 그의 대표곡 〈아침 이슬〉, 〈상록수〉 따위는 운동권 가요가 아니라 포크송이다. 그러나 미국 반전 세대 포크 음악인들의 영향을 받은 그의 노래는 짙은 사회성을 띠면서 1970년대 이후 여러 시위 현장에 울려 퍼졌다. 한편 1978년 제작한 노래극 「공장의 불빛」은 매끈한 형태는 아니지만 1970년대 우리 사회의 여러 문제와 관련하여 그의 정서에 깊이 배어 있는 고뇌가 우리식 음악극 또는 뮤지컬로 피어난 것이어서 그 가치와 의의가 크다고 할 수 있다.

는 것으로 알려져 있다.

■PMC 프로덕션

미국 블루 맨 그룹(Blue Man Group)의 「튜브스*Tubes*」와 영국의 타악 밴드인 스톰프(Stomp)에서 착안한 '비언어극(Non-Verbal Performance)' 「난타」(1997)는 사물놀이를 현대적으로 계승했다는 점에서 관심을 모았다. 흥행에도 크게 성공한 「난타」는 뮤지컬의 영역 확대에 기여했다는 평가를 받으면서 2004년 'Cookin'이란 제목으로 브로드웨이에 진출하기도 했다.

· 뤼디거 베링, 2005, 뮤지컬, 김태은 옮김, 예경.

· 스티븐 시트론, 2007, 뮤지컬, 정재왈·정명주 옮김, 미메시스.

· 앨런 제이 러너, 2004, 뮤지컬의 역사, 안정모 옮김, 다라.

· 윤선경, 2007, 뮤지컬 데이트, 대광서림.

· 정재왈, 2009, 뮤지컬을 꿈꾸다, 아이세움.

· 한소영, 2012, 뮤지컬 A to Z, 숲.

· 브로드웨이 데이터베이스(http://www.ibdb.com)

· 브리태니커 백과사전(http://www.britannica.com)

· 아카데미상 공식 웹사이트(http://www.oscars.org)

· 웨스트엔드 데이터베이스(http://www.christyplays.com)

· 토니상 공식 웹사이트(http://www.broadwayworld.com/)